도시형 생활주택

수익형 부동산의 해답,
도시형 생활주택

– 대한민국의 주택 트렌드 대변혁이 시작된다! –

서용식 지음

매일경제신문사

●● ● ● ● ●

추 천 사

　통계청의 장래 가구 추계 결과에 따르면 소형 주택의 주요 수요
층인 1·2인 가구는 1980년대 전국 전체 가구의 19.2%부터 꾸준
히 증가하여 2020년에는 전국 전체 가구의 50%를 훌쩍 넘을 것으
로 예측되고 있습니다. 그에 반해 종전의 제도 틀에서는 소형 주택
의 공급을 늘리는데 한계가 있어 소형 주택에 대한 수급불균형은
갈수록 심각해질 수 있습니다.

　따라서 정부와 서울시는 소형 주택을 확대 공급하여야 한다는 인
식을 같이하고 2009년 5월 4일 '도시형 생활주택'이라는 이름으로
주택법령을 법제화하여 제도적 기틀을 마련하였습니다.

　또한 도시형 생활주택 공급의 조기 활성화를 위해 중앙정부의
'8·23 전세시장 안정대책'과 후속조치인 '9·10 추가 규제완화

발표'와 연이은 서울시의 '9 · 14 전월세 대책'이 발표되면서 도시형 생활주택의 공급기반이 더욱 확대되고 있습니다. 이는 향후 도시형 생활주택이 새로운 주거유형으로서 서민주거의 안정과 주거의 질 향상에 큰 역할을 하게 될 것으로 예상되며 또한 한국의 부동산 산업의 변화에도 많은 영향을 끼칠 것으로 보입니다.

이 책은 그런 뜻에서 매우 의미가 있다고 생각됩니다.

도시형 생활주택은 지속적으로 늘어나는 1 · 2인 가구의 소형 주택 수요에 대응하는 주거 상품입니다. 2009년 현재 서울시의 1인 가구는 73만 명, 2인 가구는 74만 명, 합이 147만 가구에 이르고 있습니다.

더불어 출산율의 저하 및 생산가능인구의 저하, 인구의 고령화 및 베이비붐 세대의 은퇴로 인해 앞으로 5~10년 후에는 우리나라의 주택시장에도 많은 변화가 나타날 것으로 예상됩니다.

따라서 소비자의 다양한 요구에 맞는 주거형태가 절실히 필요한 시점이라고 봅니다. 이러한 측면에서 이번에 도입된 도시형 생활주택은 독자들에게 많은 기회를 드릴 것으로 보이며 소규모 건설사나 은퇴자, 소비자 모두가 만족할 만한 훌륭한 주거 상품이 될 것으로 보입니다. 그러나 아무리 좋은 주거 상품도 연속적이고 지속적인 효과를 가지려면 끊임없는 보완과 수정을 통해 미비점이나 문제점 등을 개선해가야 한다고 봅니다.

　도시형 생활주택은 고층 아파트로 개발되고 있는 우리의 도시 모습에서 저층 집합 주거 상품으로서 도시의 S라인(스카이라인)효과와 다양한 주거형태의 전환점으로서의 역할도 기대할 수 있게 합니다. 또한 침체된 민간 건설 경기 활성화에도 도움이 될 것으로 기대하고 있습니다.

　한국의 주거문화를 바꾸어가겠다는 의지와 열정에 가득 찬 서용식 대표님. 도시형 생활주택에 대한 독자분들의 이해를 돕기 위해 적절한 시기에 이런 책을 출간하게 된 것에 대해 응원과 격려를 보냅니다.

　책 출간을 진심으로 축하드립니다.

서울시 주택공급과 과장

류 훈

아파트 공화국, 대형 공화국,
이제는 바뀌어야 된다!

얼마 전 인도의 타타 그룹(Tata Group)에서는 1인 가구를 위한 30m² 정도 면적의 서민주택을 공급하였다. 1,000만 원에 공급해 폭발적인 인기를 끈 주택이 바로 그것이다. 저소득층을 위한 초저가 주택, 이 서민주택은 이들을 위한 복지 인프라 제공 측면에서 매우 주목할만하다. 우리도 1·2인 가구를 위한 주택인 도시형 생활주택을 통하여 본격적으로 소형 주택을 공급하기로 하였다. 이것은 인구변화에 따른 수요자의 요구를 충족시키는 주택 공급 정책이라 할 수 있다.

그동안 우리나라의 주택 공급은 4인 가족구성원을 위한 주택인 아파트를 통해 대량으로 공급되어왔다. 2008년 통계청 자료에 의하면 현 서울시 주거비율 중에서 아파트의 비율은 53%로 앞으로도 계속 증가할 전망이라고 한다. 이러한 서울시 주택 관련 정보를 접하면서 아파트 공화국, 대형 공화국이라는 불안감을 떨쳐낼 수 없다.

물론 안정적인 주택 공급 측면에서 아파트는 주거문화의 큰 획으로 긍정적인 역할을 한 것도 사실이다. 그러나 다양한 수요자의 욕구를 충족시킬 수 있는가에 대한 질문에는 부정적인 답변을 할 수밖에 없는 것이 사실이다.

이제는 주택도 문화적인 측면에서 접근해야 하는 시대가 왔다. 도시의 주택은 다양한 주거의 혼용과 삶을 수용하는 공간이 되어야 한다. 이러한 공간이 고층과 저층이 자연스럽게 어우러지는 S형의 스카이라인(Sky Line)을 만들고, 사람을 숨 쉬게 함으로써 주거문화의 질을 향상시킬 수 있다고 본다. 신문이나 방송의 부동산 관련 보도는 온통 아파트 시세, 투자라는 족집게 과외를 하는듯하다. 이는 우리의 삶을 황폐하게 하고 우리의 마음을 아프게 한다.

이번 정부에서 시행하는 도시형 생활주택을 통하여 제너럴 믹스(General Mix), 소셜 믹스(Social Mix) 등의 개념이 반영된 다양한 주거문화 도입이 가능하다고 본다. 노인과 젊은이는 공간의 탄력적 적용으로 이웃이라는 이름으로 공존하고, 있는 자와 없는 자 역시 분리가 아닌 통합의 공간으로 충분히 인간적이면서도 다양한 삶을 반영할 수 있는 또 다른 주거의 대안이 되지 않을까?

"작은 것은 자유롭고 창조적이고 효과적이며, 편하고 즐겁고 영원하다." 독일의 경제학자 E. F 슈마허는 인간중심의 경제에 대한 해답을 '작은 것'에서 찾고 있다. 인간이 자신의 행복을 위해 스스로 조절하고 통제할 수 있을 정도로 자그마한 경제규모를 유지할 때 비로소 자연환경과 인간의 행복이 공존하는 경제구조가 확보될 수 있다고 본 것이다.

집도 마찬가지이다. 주택은 '삶을 담는 그릇'이라 하지 않았던가. 널찍한 그릇에 밥을 먹는 이들도 있을 것이고, 오목한 그릇에 밥을 먹는 이들도 있을 것이다. 그러한 그릇일진데 잘못된 밥그릇으로 인하여 개인의 삶을 공장에서 찍어내듯 획일화한다는 것이 얼마나 어리석은 짓인가?

부동산의 개념이 투자·투기의 개념에서 활용·이용의 개념으로 변하고 있다. 또한 문화로의 전환도 이제 막 시작 단계라 할 수 있겠다. 바람직한 주거문화의 시작은 투자자나 소비자 모두가 행복한 경제의 시작이기도 하다. 새로운 주거문화에 대한 시도와 연구는 끝없이 재정립되어야 하며, 지금은 특히 1·2인 가구 주택의 재정의가 필요한 시점이다.

정부에서 모처럼만에 소비자를 위한 주거의 상품을 내놓은 것은 건축 상품기획자의 입장에서 볼 때 매우 반가운 일이다. 이번 기회를 계기로 도시형 생활주택이 다양한 주거문화 도입의 출발점으로서 큰 역할을 할 것으로 기대한다.

최근 도시형 생활주택이 도입되면서 나의 소중한 클라이언트는 "Show me the money"라고 외친다. 그럼 나는 이렇게 말한다. "소비자에게 창조적인 디자인(Creative Design)을 보여주십시오"라고. 최고의 마케팅은 문화마케팅이기 때문이다.

이 책이 나오기까지 많은 도움을 주신 국토해양부 부동산 산업과 김동수 과장님, 서울시 주택공급과 류훈 과장님과 유옥현 님, 수목건축의 든든한 사업파트너 수목PM 서용태 대표와 수목부동산 자산관리 서관호 대표에게 감사드린다. 더불어 수목건축 기획홍보팀 권미미님을 비롯하여 수목가족들에게도 깊은 감사의 말을 전한다.
그리고 MAIBAUM NETWORKS 회원님 외에도 저를 사랑해주신 모든 사람들에게 감사의 말씀을 드린다.

수목건축
서 용 식

목   차

추천사 … 5
머리말 … 8

1부   1인 가구를 위한 공간, 왜 필요한가?

1. 1인 가구의 증가 … 17

2. 출산율 저하와 인구의 고령화, 베이비 붐 세대의 은퇴 … 25

2부   일본의 소형 임대주택과 2020 한국의 주택시장

1. 민간 임대주택시장의 경향 … 41

2. 일본의 임대주택시장 … 45

3. 2020년, 한국의 주택시장 예감 … 65

3부   알기 쉬운 도시형 생활주택

1. 도시형 생활주택이란? … 97

2. 도시형 생활주택에 대한 서울시 조례 개정 내용 … 122

3. 도시형 생활주택 조기 활성화 방안을 위한 연구 … 133

"4부 도시형 생활주택을 위한 통합전략 시스템

1. 신개념 1·2인 전용 주택 브랜드, 마이바움(MAIBAUM) ··· 139
2. 도시형 생활주택 개발 프로세스, 통합전략 시스템 ··· 154

"5부 도시형 생활주택 Q&A

도시형 생활주택, Ⅰ 투자자들은 원한다 ··· 195
도시형 생활주택, Ⅱ 무엇이든 물어보세요 ··· 217

맺음말 ··· 239

별첨
주택건설사업의 구도 ··· 248
도시형 생활주택 건축 심의 기준 ··· 261

1인 가구를 위한 공간, 왜 필요한가?

① 1인 가구의 증가

독신경제

　2007년 다보스 세계경제포럼(다보스 포럼)*에서 소개된 5가지 신조어 중 하나는 '독신경제(Single Economy)'였다. 이러한 화두를 반영하듯 세계적으로 20~30대의 교육수준이 높고 전문성을 지닌 독신자 소비층이 증대하고 있다. 특히 독신여성이 차지하는 비율이 커지고 있는데 이것은 편리를 추구하는 신소비 세력이 등장하였다고 볼 수 있다. 즉, 20~30대 미혼 사무직 및 전문직 여성들이 소비

• • • • • •
* **세계경제포럼(다보스 포럼)**
연초에 개최되어 지구촌에 새롭게 대두될 중요한 변화 및 글로벌경영의 흐름을 읽을 수 있는 기회를 제공하는 국제적 포럼.
매년 스위스에서 다보스 포럼을 개최하는 WEF(World Economic Forum)는 1971년에 설립된 비영리 민간재단으로, 미국·유럽을 중심으로 1,200여 기업과 단체가 회원으로 가입되어 있다.

트렌드를 좌우한다고 본 것이다.

특히 독신 인구 증가는 시대적인 트렌드로서 미래의 핵심적인 산업이 될 것이라고 예측한다. 따라서 저출산, 고령화시대에 접어들면서 '1인 주거의 혁신적인 대안마련'이 시급하다고 볼 수 있다.

독신경제 증가로 인한 1인 가구의 형성은 '혼자 사는 것이 더 이상 특별하지 않은 시대'로의 변화를 의미한다. 미국의 경우, 특히 뉴욕의 맨해튼에서는 1인 가구가 48%로 미국 내 대도시를 앞질렀다. 미국 전체를 두고 보았을 때 1인 가구가 부모와 자녀로 이루어진 전형적인 핵가족보다 많다고 한다. 미국 내 1인 가구는 1990년대에 21% 증가해 다른 주거 형태의 증가율을 앞질렀고 2000년대에는 미국 전체 인구의 9.7%인 2,720만 가구로 전체 미국 가구의 26%에 해당된다.

유럽 일부 국가(노르웨이, 독일, 프랑스, 벨기에, 영국 등)의 '나홀로 가구'는 전체 가구의 40%에 달하고 일본 동경의 1인 가구는 42.5%에 육박한다. 일본 전체 1인 가구 비율이 29.5%인 점을 감안하여 볼 때, 도심의 1인 주택 공급에 대한 해결책은 시급하며 그 수요는 폭발적이라고 예상된다.

서울도 이제는 1인 가구가 34%에 육박하는 이른바 '1인 가구 시대'에 진입하게 되었다.

●
2009년 현재 세계주요도시의 1인 가구 현황

국가	서울	뉴욕	동경	유럽
비율	34%	48%	42.5%	40%

미국과 유럽의 1인 가구는 성숙기 단계에 이르렀으나, 아시아권은 최근 형성되기 시작했거나[중국] 장기적 경기불황에 따른 비자발적 1인 가구가 증가[일본]하였다. 사회적 현상과 1인 가구의 증가는 다양한 신조어를 탄생시키기도 하였다.

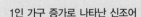

1인 가구 증가로 나타난 신조어

중국의 '바이링'
'인생을 즐기는 싱글족'이란 의미의 '바이링'은 중국의 개혁·개방과 급속한 경제발전의 혜택을 받은 고소득 화이트 컬러의 싱글을 의미한다. 이들은 직업 유동성이 매우 높고, 교육수준도 높으며, 물질적 이익을 추구하는 집단이다.

일본의 '프리터족'과 '니트족'
프리터족(Free Arbeiter)은 장기적인 경제 불황으로 졸업 후 직업을 구하지 못하고 돈이 필요할 때마다 아르바이트를 전전하며 혼자 사는 젊은이를 지칭.

니트족(NEET, Not in Education, Employment or Training)은 일하지 않고 일할 의지도 없는 청년 무직자를 뜻하는 신조어. 보통 15~34세 사이의 취업인구 가운데 미혼으로 학교에 다니지 않으면서 가사일도 하지 않는 사람을 가리키며 무업자(無業者)라고도 한다. 취업에 대한 의욕이 전혀 없기 때문에 일할 의지는 있지만 일자리를 구하지 못하는 실업자나 아르바이트로 생활하는 프리터족과 다르다.

서울의 1인 가구 전망

　서울의 1인 가구는 30세 미만 청년과 30~50세 사이의 중장년층이 주류를 이룬다. 2005년 기준 남녀 구성비는 지난 5년 동안 거의 변화가 없었으나, 연령별로는 30대 미만이 약간 줄고 30~50대까지의 중장년층은 증가하였다. 서울시의 평균 가구원 수는 지속적으로 감소하고 가족관, 개인 가치관의 변화에 따라 1인 가구는 지속적으로 증가할 전망이다. 1980년의 1·2인 가구는 27만 가구, 2000년도는 103만 가구, 다가오는 2020년에는 180만 가구까지 늘어날 전망이다.

● 1·2인 가구 증가 추이(1980~2020년)

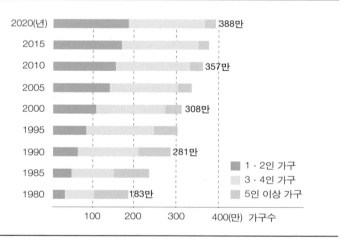

출처: 향후 10년간 사회변화요인 분석 및 시사점(통계청 2009.1.2)

전통적 가족중심 구조의 해체로 1인 가구는 지속적으로 증가할 전망이며 특히 혼자 사는 여성들의 41.1%는 가족으로부터 독립하기 위해서, 남성의 경우 이 비율은 25.5%를 형성한다.

남성 1인 가구는 30대가 34%로 가장 많고 여성 1인 가구의 30대 비중은 19%에 불과하다. 젊은층이 아닌 60세 이상 노년층에서도 남녀의 차이가 두드러지며 여성 1인 가구 중 60세 이상이 차지하는 비중은 28%, 남성은 9%에 지나지 않았다. 서울의 4가구 중 1가구가 1인 가구 시대이므로 '정상적인' 가구 형태로서 1인 가구의 삶의 질 향상을 위한 제도와 정책이 필요하다.

청년층 비경제활동인구 증가 추이

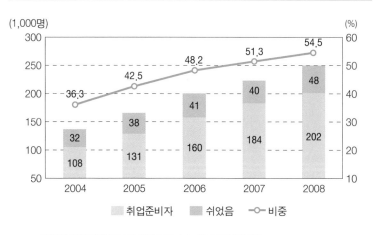

※비중은 비경제활동인구 중(취업준비자+쉬었음)의 비중임

출처: 향후 10년간 사회변화요인 분석 및 시사점(통계청 2009.1.2)

서울의 1인 가구 대다수는 빈곤의 문제를 안고 있다는 사실도 주목해야 할 점이다. 1인 가구 10명 중 7~8명이 200만 원 미만의 소득계층이며 취업자의 과반수가 서비스직과 판매직 등 블루컬러 직업군이다. 1인 가구 소득분포 중 이 집단의 평균소득은 34만 3,000원에 지나지 않는다. 서울 1인 가구는 골드세대처럼 시장의 포섭대상이 아닌 정책대상으로서 '사회적 돌봄'의 이슈를 제기하고 있다.

청년층 비경제활동인구가 갈수록 증가하는 현상도 일본의 프리터족의 증가처럼 사회적인 문제가 되고 있다. 학력은 점차 높아지고 구직자들은 자신의 학력수준에 맞는 일자리를 찾지 못해 대졸 청년층(25~29세)의 비경제활동인구는 갈수록 높아지고 있다.

1인 가구의 증가와 생산가능인구의 감소

인구 감소에도 불구하고 가구 수는 계속해서 증가하고 있다. 가구당 인원 수는 감소하고 가구 수의 증가는 1·2인 가구 증가에 주로 기인한다.

시대별 가구원수는 2000년(3.1명) 〉 2008년(2.8명) 〉 2018년(2.5명) 〉 2030년(2.4명)으로 갈수록 감소하고, 시대별 1인 가구 수는 2000년(16%) 〈 2008년(20%) 〈 2018년(21%) 〈 2030년(24%)로 갈수록 늘어날 예정이다. 더불어 시대별 2인 가구 수는 2000년(12%)

●
생산가능인구의 감소

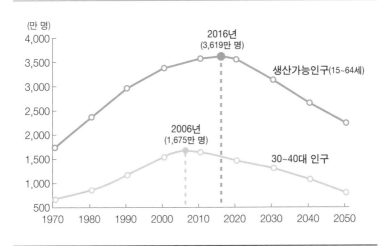

출처: 향후 10년간 사회변화요인 분석 및 시사점(통계청 2009.1.2)

●
일본의 생산가능인구 비중과 성장률 추이   ●
일본의 생산가능인구 비중과 투자율 추이

※5년 이동평균 성장률임

출처: 향후 10년간 사회변화요인 분석 및 시사점(통계청 2009.1.2)

〈2008년(15%)〈2018년(17%)〈2030년(21%)로 1인 가구의 증가와 함께 늘어나는 추세이다.

그러나 생산가능인구(15~64세)는 2016년부터 감소할 전망이다. 노동력의 주축인 30~40대는 이미 2006년부터 감소하기 시작하였다. 일본의 경우, 1990년대 초부터 생산가능인구의 비중이 감소되기 시작하였고 이는 잃어버린 10년에 해당하는 장기 침체시기와 유사하다.

그동안 각종 시장(교육, 주택, 노동 등)에서 수요를 증폭시켰던 베이비붐 세대의 은퇴가 5~10년 이내에 시작될 것이라고 예측된다.

출산율의 저하와 인구의 고령화

인구 감소와 함께 고령화 진전

　65세 이상인구가 총인구 중에서 차지하는 비율이 7% 이상을 고령화사회(Aging Society), 14% 이상을 고령사회(Aged Society)라 하고, 20% 이상을 초고령사회(Post-Aged Society)라고 분류한다.

　우리나라의 고령화는 인구 성장률이 정체되고 노인 인구가 증가하는 저출산 · 고령화가 주된 인구 구조로 세계에서 유례를 찾기 어려운 빠른 속도로 진행되고 있으나 이러한 고령화사회의 대비를 위한 준비기간이 부족한 실정이다.

　앞으로 부부 가구, 한부모 가구, 다문화 가구 등 가구유형의 다양화 추세가 지속될 것으로 예상된다. 전문가들의 면담조사 결과에 의하면 1인 가구와 고령화, 개인의 다양성 및 삶의 질 중시가 메

가트렌드로서 대량공급에서 인간중심의 다품종 소량·가치 중시 사회로 전환되고 있으므로 이러한 것을 반영한 임대주택 중심의 다양한 주택개발이 필요하다고 본다.

출산율 1.19명, 한국의 경제는?

"올해 태어난 아이가 40세가 되면 소득의 절반을 노인을 위해 지출하게 된다?"

2009년 한국의 합계출산율은 1.19명. 이대로라면 2050년에는 65세 이상의 노인이 전체 가구의 40%에 육박하는 '노인의 나라'가

고령화의 진전

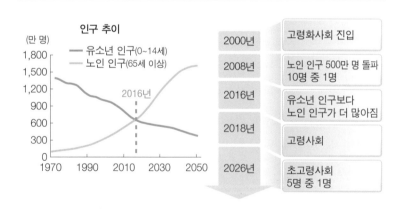

출처: 향후 10년간 사회변화요인 분석 및 시사점(통계청 2009.1.2)

된다.

　노인 인구의 폭증과 생산 인구의 급감은 노동생산성을 떨어뜨리고 의료·복지 부담을 키워 우리 경제를 옭아맬 수밖에 없다. 정부와 전문가들은 2050년 국내 총생산(GDP) 대비 의료비 지출은 약 27%, 재정수지 적자는 GDP의 10%대, 잠재성장률은 1% 밑으로 떨어질 것이라 전망하고 있다.

　국민연금과 건강보험 등 각종 사회보장 부담에 조세 부담을 합하면 미래세대는 소득의 50%를 노인 부양을 위해 부담해야 할지 모른다는 것이다. 이러한 사실로 미루어 볼 때 인구의 고령화로 노인 부양을 위한 사회적 부담이 급격히 증가할 것으로 예측할 수 있으며 이는 사회 활력이 크게 저하되고, 노인관련 재정지출이 상대적으로 크게 증가할 것이기 때문이다.

● 고령화의 영향, 노인 부양 비율 추이

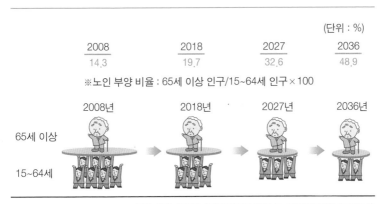

(단위 : %)

2008	2018	2027	2036
14.3	19.7	32.6	48.9

※노인 부양 비율 : 65세 이상 인구/15~64세 인구×100

65세 이상　　　2008년　　　2018년　　　2027년　　　2036년

15~64세

출처: 향후 10년간 사회변화요인 분석 및 시사점(통계청 2009.1.2)

1인 가구의 주거문화

'베이비붐 세대가 은퇴하면서 집값 거품은 빠진다.' 통계청이 보는 향후 10년간 한국사회의 변화 예측이다. 통계청은 향후 10년간 우리 사회 변화의 키워드를 인구 감소, 고령화 및 노인 빈곤화, 사회 고학력화, 양극화 이렇게 4가지로 제시했다. 특히 집값에 대해선 베이비붐 세대가 은퇴하면서 부동산 거품이 붕괴한 미국을 예로 들으며, 2007년부터 35~54세 인구가 감소하면서 사실상 서브프라임 사태를 촉발시켰다는 해석을 곁들였다.

김대기 통계청장은 이 문제에 대해 "집값에 대해 인구 감소에도 불구하고 1·2인 가구는 늘어난다는 반론이 있다. 그래서 계속 주택 공급을 늘려야 한다면 도심권 소형 주택 공급을 활성화하는 것이 대안이다"라고 말했다.

전국 주택 수는 1,630만 호 중 서울시가 317만 호(19%)에 달하며 인구 1,000명당 주택 수는 전국이 336호, 서울시는 316호이다. 서울 1인 가구는 지하철 2호선 축을 중심으로 분포되어 있고 다양한 소형 주택 공급을 가장 희망하므로 도심거주와 대중교통 지향성을 고려한 '싱글벨트'* 공간 계획을 세울 필요가 있다.

1인 가구는 주로 도심지역 및 부도심, 역세권 중심으로 분포한다.

• • • • • •
* **싱글벨트**
　서울의 525동 중에서 1인 가구 50%가 넘는 동이 11개동이다.
　11개동이 지하철 2호선에 위치하여 2호선 벨트를 싱글벨트라 부른다.

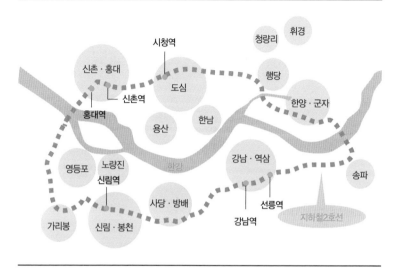

출처: 서울시 1인 가구 밀집지역 현황(서울시정개발연구원 2005년 기준)

한국 1인 주거면적(27.8m²), 일본(38m²)보다 좁다

  최근 몇 년 사이 부동산 가격이 급등하면서 서민들의 내집마련의 꿈이 점점 멀어지고 있는 것으로 나타났다. 봉급생활자들은 집을 마련하기 위해 안 쓰고 모아도 평생 집을 못살 수도 있다는 것. 슬픈 현실이다. 이젠 집 없으면 '아들 장가도 못 보낸다'라는 말도 유행처럼 쓰이고 있다. 국토연구원의 〈2008년도 주거실태조사 연구〉 결과에 따르면 내집마련 준비기간이 길어졌다고 한다.

●
서울시 1인 가구 밀집지역

전체 가구 수 대비 '1인 가구' 비율	동수	행 정 동
50% 이상	11	강남구(역삼1동), 관악구(봉천4동, 신림2 · 5 · 9동), 구로구(가리봉1동), 마포구(노고산동), 영등포구(영등포2동), 종로구(종로1 · 2 · 3 · 4가 동), 중구(을지로동, 회현동)
45~50%	10	강남구(논현1동, 대치4동), 마포구(동교동, 서교동), 시대문구(대신동, 칭천동), 성북구(동선1농), 용산구(남영동), 종로구(명륜3가 동), 중구(명동)
40~45%	10	관악구(봉천7동), 광진구(화양동), 동대문구(이문2동, 회기동), 동작구(흑석1동), 서대문구(연희3동), 서초구(반포1동), 용산구(한강로2동), 중구(광희동, 장충동)
35~40%	15	강남구(논현2동, 삼성2동, 역삼2동), 관악구(봉천6동, 신림본동), 구로구(가리봉2동), 금천구(가산동), 동대문구(용두1동), 마포구(상수동), 성동구(사근동), 성북구(안암동), 용산구(청파2동), 종로구(창신1동), 중구(소공동, 필동)
30~35%	27	강남구(청담2동), 관악구(봉천10동), 광진구(노유1동, 군자동, 능동), 금천구(독산본동), 동대문구(용두2동, 제기2동, 전농2동, 휘경1동, 묵1동), 마포구(창전동), 서대문구(충정로동, 북아현1동), 용산구(한강로1동, 이태원1동, 한남1동, 한남2동), 종로구(사직동, 종로 5 · 6가동, 이화동, 혜화동), 중랑구(중화2동)

출처: 향후 10년간 사회변화요인 분석 및 시사점(통계청 2009.1.2)

처음으로 내집을 장만한 기간은 평균 8.31년으로 2007년보다 0.24년 길어졌다.

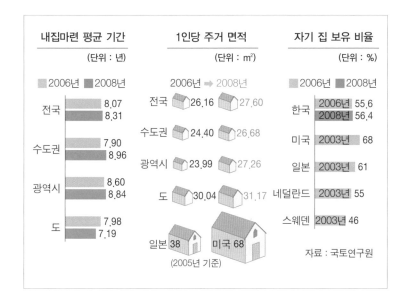

내집마련 평균 기간	1인당 주거 면적	자기 집 보유 비율

내집마련 평균 기간
(단위 : 년)
■2006년 ■2008년

전국	8.07 / 8.31
수도권	7.90 / 8.96
광역시	8.60 / 8.84
도	7.98 / 7.19

1인당 주거 면적
(단위 : m²)
2006년 ⇒ 2008년

전국	26.16 ⇒ 27.60
수도권	24.40 ⇒ 26.68
광역시	23.99 ⇒ 27.26
도	30.04 ⇒ 31.17

일본 38   미국 68
(2005년 기준)

자기 집 보유 비율
(단위 : %)
■2006년 ■2008년

한국	2006년 55.6 / 2008년 56.4
미국	2003년 68
일본	2003년 61
네덜란드	2003년 55
스웨덴	2003년 46

자료 : 국토연구원

이렇게 내집마련 기간이 늘어난 이유는 2006년 이후 2008년 조사 때까지 집값이 크게 올랐기 때문이다. 국민은행 집값동향 조사 결과에 따르면 이 기간 수도권 집값은 각각 19.5%, 20.6% 뛰었다고 한다. 평균 주택 사용면적은 69.29m²로 2년 전 67.33m² 보다 1.96m² 커졌다. 사용하는 주택 총면적을 인구수로 나눈 1인당 주거면적도 27.80m²로 1.64m² 증가했다.

하지만 미국(68m²)과 일본(38m²)의 1인당 주거면적보다는 상당히 적었다. 이에 대해 국토연구원 모 선임연구원은 "통념과 다르게 일본의 1인당 주거 면적이 한국보다 큰 것은 인구 수 대비 주택 수는 훨씬 많고 가구당 인원 수는 적은 탓으로 개별 주택크기와는 다른 개념"이라고 설명하였다.

특히 저소득층의 3분의 1가량은 늘어나는 주거비 부담에 생필품 구입마저 어려움을 느끼는 것으로 나타났다. 또 소득이 높을수록 아파트에 사는 비율이 높았고, 이사할 때 주택 가격을 최우선으로 고려하는 것으로 조사되었다. 소득을 다 모아 집을 장만할 수 있는 기간도 서울이 미국 샌프란시스코와 뉴욕, 일본 도쿄보다 더 긴 것으로 나타났다.

미래에 자산 가치를 지켜줄 주택은 과연 무엇일까? 《손에 잡히는 미래(NEXT NOW)》의 메리언 살즈먼은 앞으로 집값을 결정할 3대 요소는 비싸진 연료비, 직장과의 거리, 문화와 편의성을 꼽았다.

이는 영국, 미국에서 일어난 변화를 포착하여 얻은 결과로 이 모든 요소들을 한 단어로 정의하면 바로 '도심'이다. 천정부지로 뛰는 유가, 교통 혼잡과 긴 통근거리, 한적한 교외생활의 따분함과 불편함을 인식한 도심으로의 회귀. 하루 24시간 중 7시간을 잘 수 있는 가치를 중시하는 현대인. 이제는 작은집이 큰집보다 비쌀지도 모른다.

독일의 마이크로 콤팩트 홈이나 로프트 큐브 같은 초소형 거주 건축물은 대도시, 밀림 가릴 것 없이 거주가 가능한 이동캡슐 같은 집이다.

이제 주택은 또 다른 진화를 시작했으며 우리는 작은집에 주목할 필요가 분명히 있다.

1인 가구의 주거환경 선호도 조사결과

서울에 거주하는 1인 가구의 52%는 다양한 소형 주택 공급을, 45%는 세제 혜택 등 경제적 지원 정책을 가장 원하고 있는 것으로 나타났다.

1인 가구의 통근·통행 소요시간은 30분 이내가 51% 이상을 차지했으며, 1시간 이상 소요시간 비율은 15%로 가족 가구의 23%에 비해 상대적으로 낮았다. 또한 전반적으로 가족 가구에 비해 거주 이동의 제약이 적어 승용차 의존도가 낮은 직주 근접을 선호하는 경향이 강하게 나타났다. 서울시 1인 가구의 통근·통행 시 교통수단은 대중교통(50.8%), 도보(31.8%), 승용차(15.4%)로 교통과 관련한 도심거주와 대중교통 지향성이 강화되는 경향을 반영한 공간 계획이 필요하다는 것을 나타냈다.

현재 1인 가구는 지하철 2호선을 근간으로 밀집·분포되어 있으므로 다양한 주택과 지원기능을 체계적으로 육성하기 위한 싱글벨트 계획 방안을 마련해야 한다. 따라서 1인 가구의 경제 능력과 이동성이 강한 특성을 고려한 다양한 소형 주택 공급이 절실하다.

1인 주거를 위한 아이디어 상품

최근 '싱글산업'은 불황을 모른다. 다품종 소량 생산품, 1인 아이디어 제품은 백화점, 마트 등 진열대에서 심심치 않게 볼 수 있다.

일반 냉장고에 비해 용량이 4분의 1에 불과한 150L 미만의 소형 냉장고가 올해 들어 33% 판매가 늘었다고 한다. 일반 세탁기(12~14kg)의 절반 크기인 6kg짜리 세탁기(25만 원대)도 같은 기간 11% 더 팔렸다고 한다. 또한 간편하게 계란을 삶을 수 있는 1인용 꼬꼬쿡 계란찜기도 일주일에 900건 이상으로 작년내비 2배의 판매량을 자랑한다고 한다.

1인 식탁, 혼자 구워먹는 고깃집, 1인용 호텔 패키지, 세미텔 등 그 수요는 앞으로도 엄청날 것으로 예상되어 귀추가 주목된다. 골드미스 등 20~40대 싱글족들이 증가하면서 업계에서는 '싱글족'을 겨냥한 상품과 서비스, 전용 주거공간 등 싱글산업 규모가 2004년 6조 원(삼성경제연구소 추정)에서 2009년 8조 원 이상으로 커질 것으로 보고 있다.

싱글족들은 경제력을 갖추고 자신의 가치와 삶의 질을 높이기 위해서는 아낌없이 쓰는 소비성향을 보여 '블루슈머*'로서 업계의 집중 타깃이 되고 있어 혼자 사는 '싱글족'이 산업 전반에 '블루오션'을 만들어내고 있다.

· · · · · ·

* 블루슈머(Blusumer)
경쟁자가 없는 시장을 의미하는 블루오션(Blue Ocean)과 소비자(Consumer)의 합성어로 블루오션의 새로운 소비자를 뜻함.

● '미니스커트와 립스틱, 술'

미니스커트, 립스틱, 술 이 3가지의 공통점은?

바로 불황기에 호황을 누리는 상품들이다. 이 3가지가 잘 팔릴
수록 경기가 좋지 않은 징조라고 한다. 하지만 이런 불황의 시기에
도 싱글산업은 경기와 상관없이 1인 가구의 수요가 있는 한 계속
호황을 누릴 것이다.

1인 가구를 대상으로 하는 싱글산업은 맞춤형과 소형, 컨버전스

(Convergence)로 압축할 수 있다. 나 홀로 가구는 국내 소비 지형을 바꾸고 있으며 앞으로 미니 아파트 등 소형 주택이 본격적으로 공급되면 아파트 단지 주변에는 쇼핑대행, 반찬가게, 음식 배달업, 심부름센터 등 생활지원 사업이 번창하게 될 것이다.

식품, 외식은 물론 가전, 가구, 대행업, 호텔, 여행 등에 이르기까지 싱글족을 불황 돌파구로 삼을 정도다. 특히 20~30대 '골드미스'처럼 경제력을 갖춘 싱글족들은 자신을 위한 소비를 아끼지 않아 이들을 겨냥한 상품과 서비스는 20~30%씩 급성장하고 있다.

장진호 서울대 사회발전연구소 연구원은 "싱글족 증가는 세계적인 추세로 경제활동 인구와 사회 이동성이 늘어나고 결혼 규범의 구속력이 약화되는 것이 원인으로 싱글족의 라이프스타일을 분석한 맞춤형 상품과 서비스는 불황을 이겨내는 비즈니스 기회가 될 것"이라고 말했다.

타타 그룹의 저소득층을 위한 초저가 주택

얼마 전 인도의 타타 그룹(Tata Group)에서는 1인 가구를 위한 30m²정도 면적의 서민주택을 공급하였다. 1,000만 원에 공급해 폭발적인 인기를 끈 주택이 바로 그것이다. 주택난이 심각한 인도에서는 이렇듯 초소형 열풍이 불고 있으며 이 주택의 경우 '저소득층을 위한 초저가 주택'이라는 복지 인프라 제공 측면에서 매우

🔹 세계에서 가장 값이 싼 차, 나노(Nano)

타타 그룹(Tata Group)은 세계에서 가장 값이 싼 차, 나노(Nano)를 통해 이미 서민들에게 값싼 차를 대량공급하고 있었다. 1인당 국내 총생산(GDP)이 1,000달러 선에 불과한 인도시장에서 자동차를 빨리 보급하려면 상당히 낮은 가격표를 붙여야 했다. 이 같은 가격대를 맞추기 위해 타타자동차는 인도 소비자들이 꼭 필요로 하는 사양만 집어넣고 나머지는 모두 버렸다. 에어컨과 파워브레이크 등을 빼버리고 엔진제어장치 기능을 1,000개에서 300개로 줄였다. 왜 그랬을까? 단지, 인도 소비자가 싼 가격을 원해서? 설계과정에서 '이렇게 해도 사겠느냐'는 상품 개발자와 마케팅 전문가들의 질문에 '그렇다'는 소비자들의 의사를 재확인하여 세계에서 판매가격이 가장 싼 차 '나노'가 출시된 것이다.

주목할 만하다.

타타 그룹은 이전에도 인도 서민들을 위해 최근 10만 루피(약 280만원)짜리 국민차 '나노'를 출시한 바 있으며 '나노 자동차 성공에 이어 이번에는 주택도 최저가로 승부한다'는 의지로 타타 그룹의 부동산개발부문 자회사 '타타 하우징 디벨로프먼트'가 도시 하층

민을 위한 저가주택 개발 프로젝트를 발표했다.

이 주택의 가격은 최소 39만 루피(약 1,000만 원)에서 최고 67만 루피(약 1,700만 원)이다. 인도의 수도 뭄바이의 경우 인구 1,400만 명 가운데 1,000만 명 이상이 슬럼가에 살고 있어 저소득층 근로자들이 주요 도심에 살 곳을 마련하기 위해서는 적어도 2,400만 가구의 주택이 필요하다.

새 모델로 선보인 이 주택은 부엌과 욕실이 포함된 26.29m²짜리와 33.44m²짜리 원룸형, 그리고 작은 침실이 따로 마련된 43.20m²짜리로 구성되어 있다. 건축상 전략은 건축비를 아끼기 위해 한 동을 3층 이상 올리지 않으며 한 동에 8~12세대가 들어서게 된다. '저소득층을 위한 초저가 자동차'를 만든 타타 그룹에서 '저소득층을 위한 초저가 주택'을 개발·공급한 것이다.

2부

일본의 소형 임대주택과
2020년 한국의 주택시장

① 민간 임대주택시장의 경향

주택보급률 100% 시대, 자가소유율 60% 미만

대한주택공사 주택도시 연구원의 〈주택보급률 100% 시대의 주택시장에 관한 연구〉에 의하면, 주택 공급이 늘어도 자가소유율은 그다지 변화되지 않는다. 주택 가격의 변화에도 큰 영향을 받지 않으며 특히 제도권 임대주택이 활성화된 국가에서는 자가소유율이 높아지기 어렵다. 일본뿐만 아니라 미국, 영국 등 선진국의 예를 보아도 자가소유율은 60%대를 상회하지 않을 것으로 예측하고 있다.

일각에서는 주택보급률의 지속적인 상승을 예로 들면서 우리나라에 더 이상 주택의 대량 공급이 필요하지 않다는 시각을 제기했다. 그러나 주택보급률이란 주택이 어느 장소에 어떤 질을 가지고 존재하는가를 보여주는 지표는 아니기에 주택보급률 100% 달성이 주택의 지속적인 공급 필요성을 판단하는 자료로 이용되어서는 안 될 것이다.

가구 분화로 가구 수는 계속 증가하고 가구 특성이 더욱 다양화되거나, 주택 가격 등 부동산 가격이 상승한다면 기존주택을 대체하는 새로운 수요와 임대주택에서 자가를 취득하는 수요가 있기 때문에 주택의 양적공급은 확대될 수 있다. 더욱이 공급된 주택의 질적인 측면을 감안한다면 더욱 그렇다.

실제로 일본의 경우 주택보급률이 100%를 나타낸 1968년 이후 신규로 건설되는 주택 수가 1950년대, 1960년대에 착공되었던 주택 수를 능가하며 경제 환경의 변화에 따라 착공호수에 변화는 있지만 경기가 나쁜 1990년대에도 매년 100만 호 이상의 주택(재고주택대비 4%)이 건설되었다.

추후 일본 주택정책은 공공기관의 역할을 제한하고 시장을 활용하는 쪽으로 이동하게 되면서 안심주거에 집중하는 데 역점을 두게 되었다.

일본의 후쿠다 수상에 의해 만들어진 5개의 안심플랜 '안심 거주 공간 정비 프로젝트(가칭)'를 소개하면 다음과 같다.

◆ 일본의 고령자 임대주택 안심 거주공간 정비 프로젝트

● 공영주택의 정비와 매력 있는 거주환경 만들기 지원
- 고령자 세대 등이 안심하고 안전하게 살 수 있는 공영주택 등의 정비와 거주환경 정비 등 지역에 따라 주택정책을 추진하기 위한 지방공공단체의 사업을 지원.
- 구체적으로는 공영주택 정비, 기존 공영주택 개선, 공영주택의 낮은 임대료 조성, 밀집시가지의 정비를 대상으로 지방공공단체가 책정한 지역주택계획 대상사업비의 약 45%를 국가가 지역주택교부금으로 지원.

● 도시재생기구 임대주택단지 조성
- 도시재생기구는 임대주택에 대해서 2018년까지 재건축 및 수선으로 새로운 주택 10만 호를 고령자용으로 전환하고, 동시에 저소득 고령자 등의 거주자에 대해서도 임대료 상승을 억제.
- 재건축 등에 의해 만들어진 부지의 양도와 임대 그리고 기존의 점포시설을 활용해서 지역의 고령자 생활을 지원하는 민간의 복지시설 등을 적극적으로 유치.
- 이 프로젝트에서는 기존 점포시설 임대료의 50%를 감액.

● 민간 사업자에 의한 임대주택 정비 지원
- 주로 민간사업자가 고령자 세대, 장애인 세대, 젊은 세대 등이 안정적인 거주를 하도록 임대주택을 정비하는 경우에 정비조성비와 임대료저렴화 조성을 하는 공공단체의

사업에 대해서 지원

-교부금 대상이 되는 경우는 민간 토지소유자에게 공공시설, 주택용지, 엘리베이터 설비 · 설치 비용의 3분의 2, 사회복지법인, 의료법인 등에 대해서 건설비의 3분의 1을 지원.

● **고령자의 자주적 생활을 가능하도록 지원**

-고령자가 가능한 한 익숙한 환경에서 살 수 있도록, 지역밀착형 서비스를 중심으로 하는 개호 서비스 등의 정비를 지원.

-개호 서비스 이외에도 지역교류거점, 독거고령자를 보호하는 기능, 고령자로부터의 상담, 식사 공간, 취미 등 다목적 용도에 대응할 수 있는 고령자 복지 서비스 복합거점 등의 정비를 지원.

● **지역에서 육아와 고령자 · 장애인 지원**

-지역에서 육아 지원을 위한 시설정비, 대기아동 해소를 위해서 민간보육원 정비 등을 지원. 정책의 2분의 1 정도 비용을 지원.

-또한 실외공간을 고령자와 장애인을 위한 배리어 프리화(Barrier Free)하도록 지원. 엘리베이터 등 이동시설과 배리어 프리화된 광장 정비, 고령자, 장애자 등이 지역에서 안심하고 이동할 수 있고, 쾌적한 생활을 영위할 수 있는 공간을 만들도록 지원.

-직접보조는 국가가 지방공공단체, 도시재생 기구에 3분의 1을 보조하고, 지방주택 공급공사, 민간사업자 등에 대해서는 간접보조로 국가가 3분의 1, 지방이 3분의 1을 지원.

② 일본의 **임대주택**시장

일본의 주택사업, 이제는 '판매'에서 '임대중심'으로

　일본에서는 고소득 젊은 세대를 겨냥한 고급 임대주택이 각광을 받고 있다. 일본 주택 건설회사 다이와하우스는 2009년 3월 부촌으로 소문난 효고현 니시노미야시 고급 주택가에 '니시노미야 서니힐스'를 완공하며 임대용 단독주택 건설 사업에 진출했다. 무라카미 겐치 사장은 "고급 주택가에 집을 구입할 큰 자금은 없지만 부촌에 살기를 원하는 고소득 젊은층의 수요가 많은 것 같다"고 분석했다.

　도쿄 급행 전철도 2009년 2월 젊은 독신자나 맞벌이 부부를 타깃으로 한 '스타일리오 야마시타공원 더 타워'를 완공했다. 이와이 타쿠야 주택사업부장은 "젊은 세대들이 주택구매를 선호하지 않아 임대주택건설로 방향을 바꿨으며, 앞으로 부동산 사업은 '판매'에서 '임대' 중심으로 전환한다"고 말했다.

최근 일본 주택의 또 다른 두드러진 경향으로는 도심으로의 복귀 현상을 꼽을 수 있다. 각박한 도심생활에서 벗어나 전원생활을 즐기기 위해 많은 사람들이 교외로 향했고 그로 인해 도시인구가 줄어드는 추세였다. 하지만 최근 들어 다시 도시의 교육, 의료, 생활 편의시설 등을 최대한 활용하고 초고층 아파트의 전망을 즐기며 도시생활을 만끽하려는 사람들이 급증하기 시작했다.

> "일본의 대부분의 임대주택은 월세다. 관리비를 포함해서 월 150만 원 정도 든다. 도쿄 중심부라는 점과 주거환경 등의 입지조건과 유명 건축가의 디자인 하우스임을 고려한다면 비싸다고 말할 정도는 아니다."
>
> —도쿄의 아파트 준에 사는 오카베시와의 인터뷰 내용 중—

도심과 역세권은 싱글족 및 직장인 신혼부부들에게 매우 매력적인 요소가 아닐 수 없다. 물론 실버세대 역시 실버타운이 한적한 외곽에서 도심으로 역행하면서 '도심지역'은 주거생활을 영위함에 있어 불변의 요소로 작용하고 있는 것이 자명한 사실로 부각되고 있다. 노후한 도시를 재생하는 사업도 곳곳에서 벌어지고 있다.

대표적인 사례가 '록본기 힐즈'이다. 록본기 힐즈는 문화, 오락, 비즈니스, 주거 등의 기능을 갖춘 복합단지로 주거지 위주로 개발되는 우리의 재개발과는 큰 차이가 있다. 일본 도쿄의 록본기 힐즈에는 오피스빌딩(54층)과 390실의 특급호텔, 복합상영관, 840가구의 아파트(2개동)가 들어서 있다. 록본기 힐즈는 일본 내외에서 관광객이 몰려 '도쿄의 문화 도심'으로 거듭나고 있다.

최고급 주거단지로 꼽히는 록본기 힐즈 레지던스의 경우, 직장과 인접한 자신의 주거지 근처에서 문화를 접하면서 살고자 하는 젊은 싱글족들이 많다. 주로 고소득 전문직 종사자들이 대부분이며 이들은 '힐즈족'이라는 또 다른 신조어를 탄생시키고 있다.

모형으로 제작한 록본기 힐즈 전체 단지 구성　　　레지던스(주거동)의 전경

일본의 소형 주거공간 분석

일본 주택의 특징은 최소한의 공간을 최대한 활용하는 것이라 할 수 있다. 우리나라나 중국이 넓은 집을 선호하는 반면, 일본은 대

지면적 20평 전후, 건물의 한 층 면적이 10평 정도인 협소주택이 많다. 일본에는 협소주택만 설계하는 건축가도 적지 않고 한편으로는 젊은 건축가들의 등용문이 되기도 한다. 작은 공간을 효율적으로 활용하기 위한 설계는 거주자의 생활패턴과 취향을 근본적으로 이해하지 않고는 나오기 어려운 것이다.

우리와 닮은 듯 보이지만 전혀 다른 문화를 가지고 있는 일본의 주거문화 또한 예외는 아니다. 일본에 가본 이들이라면 낮은 층고의 주택들이 옹기종기 모여 있는 풍경을 많이 보았을 터, 이들은 20평 전후의 작은 집들이 대부분이다. 물론 경제적인 이유로 작은 주택을 짓는 것이지만 우리처럼 대규모 초고층 아파트를 대안으로 삼지는 않는다.

일본인들이 아파트를 거부하고 작은집을 짓는 이유는 자신의 생활에 꼭 맞는 맞춤공간을 원하기 때문이다. 특히 자기주장이 확실한 일본의 젊은이들은 생활의 불편함을 감수하더라도 자신만의 개성을 실현한 공간에서 살고 싶어하는 경향이 강하다.

일본의 주거공간에는 우리나라와 같은 단지라는 개념이 없는데 기껏해야 4동 정도의 건물이 같이 모여 있는 정도다. 특히 도심에는 1동짜리 타워 아파트가 주류를 이룬다. 하지만 도심의 일부 재개발이 진행되고 있는 곳 중에는 트윈타워나 1,000세대 이상의 타워 아파트도 등장하고 있는데 여기엔 수익성 높은 상업시설이 함께 계획되기 마련이다.

국내 1인 주거 전용 오피스텔 공간적 구성의 특성은 복층의 경우를 제외한 사례에서 개인공간과 공용공간의 구분을 보이지 않는다. 최소한의 주거 생활을 위하여 욕실의 분리와 오픈된 주방을 갖추고 있다. 따라서 개인 라이프스타일의 변화에 따른 공간의 대응방식은 소극적으로 계획되어졌음을 알 수 있다.

일본 소형 주거공간은 국내의 소형 오피스텔 공간 구성과 크게 다르지는 않으나 평면상에서의 다양한 형태와 가구의 구성과 개인 공간과 공용공간의 구분 역시 소극적임을 알 수 있다. 하지만 국내의 경우와는 달리 주방공간을 분리하거나 출입구에 도어를 활용하여 주생활 활동공간과 구분짓고 화장실의 경우도 용변과 세면행위를 구분하고 있음을 알 수 있다.

국내 오피스텔의 공간적 구성 특성은 복층의 경우를 제외한 사례에서 개인공간과 공용공간의 구분은 보이지 않으며 최소한의 주거 생활을 위하여 분리된 욕실과 오픈된 주방을 갖추고 있다. 이는 임대사업의 수익성에 기인한 결과이며 정작 실수요자의 라이프스타일 반영 여부는 소극적임을 알 수 있다.

일본의 경우 평면구성에 있어서 다양한 형태의 공간을 구성하고 국내 사례와 같이 개인공간과 공용공간의 분리는 적극적이지 않았으나 주출입구만은 주생활공간과 분리하고 있다. 도시의 집합주택 내에서 '거실-식당-부엌'은 모든 국가와 주택을 막론하고 공통적으로 존재하는 공간이다.

일본 도시주택의 또 다른 특징의 하나는 욕실에 대한 공간 구성이다. 보통 주택들에서 보이는 욕실의 구성 체계는 욕조, 세면대, 변기가 한 공간에 모두 배치되고 있지만 일본 주택은 이러한 구성이 분리되고 있다는 것이다.

대표적 임대주택 회사인 레오팔레스21의 경우가 이러하다. 고밀도 토지이용이 불가피한 일본에서는 주택에 대한 다양한 실험적 시도들을 통해 좁은 공간이지만 생활의 질을 극대화할 수 있는 방안을 위해 많은 노력을 기울이고 있다.

지금까지의 우리나라 공동 주택에는 일반적으로 nLDK 평면의 형식을 취하고 있다. 1970~1980년대 활발하게 공급된 공동 주택에는 공간의 기능분화(개인공간과 공적공간의 분리)를 주장하고 거실 중심의 LDK* 또는 DK라는 다양한 기호가 출현하여 2LDK, 3LDK…, 식의 표기방법이 공동 주택의 평면형식으로 평가되고 공급되어 왔다. nLDK의 n에는 숫자가 적용되어 일반화된 핵가족의 주거로 인식되었으나 2000년대 이후에는 핵가족의 형태가 변화하면서 핵가족을 전제로 하는 nLDK 평면형식으로는 만족할 수 없게 되고, 파생적 형태인 주거평면이 요구되고 있다.

● ● ● ● ● ●

* LDK란?
  LDK=Living, Dining, Kitchen의 이니셜을 말하는 것으로서 우리의 30평 이하의 아파트 평면들 대부분의 유형, 부엌과 거실과 주방이 다 같이 있는 평면형태.
  ● L.D.K = 거실, 식사실, 부엌이 다 같이 있는 평면형태
  ● LD.K = 거실과 식사실, 부엌이 같이 있는 평면형태
  ● L.DK = 거실, 식사실과 부엌이 같이 있는 평면형태

몇 가지 다양한 실험이 진행되고 있는 일본의 대표적인 공동 주택을 소개하면 다음과 같다.

● 시노노메 캐널코트 코단 [도쿄]

동경의 강동구(Koutouku)에 위치한 시노노메 캐널코트 코단 (Shinonome Canal Court Codan)은 1~6단지로 구성된 약 2,000세대의 임대주택이다. 이 주택의 개념을 한 줄로 요약한다면 '도심 접근성을 최대한 반영하고 공단지역의 낙후된 이미지를 특성있는 입면으로 계획한 주거단지 개발'이라고 할 수 있다.

도심 거주를 위한 주거공간, 즉 '일과 거주가 하나가 되는 생활방식을 제안한다'는 이념으로 1998년 각계 전문가들이 마을 만들기 기획회의를 구성하여 현대 도심의 새로운 주거 형태는 무엇인가를 근본부터 논의하였다. 결론은 '새 주택은 인구구조의 변화와 일하는 스타일의 변화를 반영해야 한다는 것'이었다.

6명의 일본 건축가들이 참여한 주택 실험의 장. 이들은 전체의 조화를 살리기 위해 월 1회씩 회의를 거듭했다. 이에 따라 2,000채 중에는 원룸부터 복층, 사무실 겸용 주택, 별실이 딸린 집 등 250가지 다양한 집이 만들어졌다.

고밀도 개발을 위해 중복도나 양복도 방식 및 가구블록 방식을 통한 저층고밀 주동을 통해 층수의 증가는 최대한 억제하는 방식으로 설계되었다. '밖을 향해 열린 집', '직업과 주거의 융합을 꾀하는 직주근접'의 개념을 도입하고 획일적인 LDK에서 벗어나 내부 구조를 다양화하기로 하였던 것이다.

첫 입주자 모집결과는 평균 경쟁률 20대1의 인기. UR도시기구

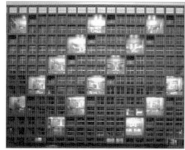 

시노노메 캐널코트 코단(Shinonome Canal Court Codan)

출처: 〈동아일보〉, 퍼블릭 하우징 〈4〉 일본 도쿄의 코단 시노노메

다카하시 마사키씨는 "인기있는 모델은 200배수가 넘었다. 지금도 원하는 집을 기다려 단지 내에서 이사하는 사람이 적지 않다"고 말했다.

  — 시노노메의 다양한 평면사례

● 1블록 – 현관문이 유리인 집, 안과 밖을 차단하지 않도록 일부러 애매하게 설계한 공간, 두 개 층을 수직으로 뚫어 만든 '커먼 테라스'는 각 층을 향해 열려있다.

● 2블록 – 현관문이 두 개인 집, 공용복도에 면한 테라스를 사이에 두고 별실을 배치한 집

연구에 의하면 시노노메 주택에서는 5개 단지에서 298개의 패턴이 분류되었고, 면적이 커질수록 실의 증가가 아닌 실 구성 배치에 변화를 부여하고 있다. 평균적으로 37~99m² 면적대의 단위세대 평면으로 구성되어 소형 주거평면 공급이 중심임을 알 수 있다. 동일한 1LDK이지만 12가지의 다른 조합으로 이들 평면은 서로 다른 실 구성으로 계획되었다.

획일화된 주거공간에 새로운 건축적 환경을 제시하는 일본의 공동임대주택, 시노노메 캐널코트 코단(Shinonome Canal Court Codan). 5개 단지의 고밀도 도심 공동 주택이면서도 소형의 면적으로 실구성이 다채로운 단위세대 평면유형을 공급하여 새로운 도심주거를

실현하고 있는 모범 사례이다.

● 넥서스 월드 [후쿠오카]

21세기 도시형 주거, 새로운 도시와 거주의 방향을 제안한다는
취지에 따라 일본의 개발자인 후쿠오카지쇼에 의해 1986년부터 추
진되어 온 주택사업으로서 주거의 다양화에 기여한 사례이다.
유명 건축가들의 서로 다른 장소 해석과 디자인, 어휘의 독창성
및 다양성을 반영한 이 주택 프로젝트에서는 획일적이고 무개성한
주택단지를 지양하고, 미래의 라이프스타일에 대응하기 위한 주거
양식의 창조와 경관성 향상을 위해 기존의 경우와는 다른 새로운
설계방식인 '코디네이터(Cordinator) 방식'이 채택되었다.

–각 건물의 유형

● 1호 동 : 80% 이상이 100m² 이상인 3LDK, 4LDK형의 클래식 이미지

● 2·3·4호 동: 100m² 이상의 4LDK

● 5·6·7호 동: 3LDK에서 4LDK 중심의 40호

● 8호 동: 2LDK에서 5LDK 메조네트에 이르는 다양한 28호

● 9·10호 동: 3층의 메조네트형: 단독주택감각의 150m² 이상이 주류

● 11호 동: 전체 28호 중 100m² 미만이 16호: 콤팩트 타입의 소규모

● 넥서스 월드의 다양한 외관

넥서스 월드(Nexus World)

● 로코 하우징 [고베]

노출 콘크리트를 이용한 건축물로 우리나라에 널리 알려진 일본의 건축가 안도 타다오가 1983년에 설계한 공동 주택이다. 고베 록고산맥 기슭에 위치한 로코 하우징(Rokko Housing)은 남향으로 60° 경사진 대지에 설계되었다. 설계자는 단순한 구성과 단순한 유닛의 결합으로 건물이 자연과 관계를 가지는 방법에 관한 새로운 접근을 시도하였다.

로코 하우징의 모든 가구들은 테라스가 있고 다양한 전망을 갖고 있으며 이들 세대는 모두 형태와 크기가 다르다.

특징 몇 가지를 소개하자면 로코 하우징은 외부도로에서 바로 각 세대로 진입이 가능하며, 복층으로 설계되어 자신의 1층 지붕을 옥상으로 이용하고 있다.

코트 하우스(Cost House)는 뜰이 건물의 가운데에 있는 집으로

로코 하우징(Rokko Housing)

이웃집과의 소리나 시각의 프라이버시를 유지할 수 있도록 하였다. 이 블록의 세대는 노인들과 장애자들의 필요를 채워주는 시설들과 진입로를 갖추고 있다.

● 글라스 하우스 [오사카]

"미래의 공동 주택은 '편리함'과 '자연'이다." 일본의 건축가 기시 와로는 대도시에 살면서도 자연을 만끽하는 것이 도심에 위치한 공동 주택이 추구해야 할 개념이라고 말했다. 2009년 오사카시 하

글라스 하우스(Glass House)

출처: 〈동아일보〉, 퍼블릭 하우징 〈5〉 오사카의 글라스 하우스

우징 디자인상을 수상한 글라스 하우스는 일본 도심의 공동 주택으로선 좀처럼 보기 힘든 교통여건과 자연환경을 갖췄다. 통유리를 사용하지 않고 유리 창문마다 개폐장치가 부착된 유리 루버와 슬라이딩 새시 등으로 구성된 이중피복 구조를 활용하였다. 바로 자연과 소통하고자 하는 현대인들의 요구를 반영이나 하듯 말이다.

실내에서 '선룸'이라고 불리는 공간은 공기와 햇살을 받아들이는 유리 루버와 슬라이딩 새시를 열고 닫음에 따라 주거공간의 모양새가 다양하게 바뀐다. 때로는 거실이 연장되기도 하고 때로는 공원이 연장되기도 한다.

고층 주택은 복층으로 꾸몄다. 꼭대기 펜트 하우스에는 공원과 하늘을 한눈에 껴안을 수 있는 야외 테라스와 안뜰도 배치했다. 지면 위에 낮게 세운 단독주택에서는 얻을 수 없는, 고층 공동 주택만의 공간적 이점을 최대한 살린 게 설계 포인트다.

이렇게 해서 글라스 하우스 내의 28가구는 저마다 다른 스타일의 공간을 갖고 있다. 1층에 들어선 모던한 스타일의 이탈리아식 레스토랑도 글라스 하우스의 다양성에 일조한다.

실내장식은 심플한 외관디자인만큼이나 단순했다. 색조 또한 거의 흰색 계통이다. 수납공간 역시 이렇다 할 기교는 눈에 띄지 않았다.

설계자는 "건축의 역할은 어디까지나 거기에 사는 사람을 위한 무대장치를 제공하는 것으로 입주자의 생활과 활력이 주역이다. 그것을 받쳐주기 위해 공간은 심플하게 설계했다"고 설명했다.

일본 최대 임대주택회사의 사업방식 및 성공전략

원룸임대주택사업은 높은 땅값을 주고 매입하여 개발하기에는 수익성이 낮아 진행하기 어려운 경우가 많다. 따라서 토지를 매입하여 개발하는 방식이 아닌 새로운 개발모델이 제시되어야 한다. 이러한 측면에서 일본의 한 임대주택회사의 개발방법은 우리의 기존 방법에 대한 좋은 대안이라고 본다.

● 레오팔레스21

레오팔레스21은 일본의 최대 임대주택회사로서 20년 장기임대 방식을 도입하여 20년이 지난 후에는 토지를 반납하는 형식의 개발방법을 도입해 공실률이 거의 없는 자체 브랜드를 성공적으로 운영하고 있다.

레오팔레스21 임대 시스템

타깃	유형		이용방법

• 내 · 외국인 싱글족
• 장 · 단기체류 외국인
  주요 이용목적
• 유학, 출장, 여행
• 장 · 단기 출장 연수
• 파견근무
• 기업의 기숙사 사택
	일반	계약기간 2년	• 인터넷 검색으로
			  면적, 가격, 평면도, 교통,
			  건축년도, 건물타입, A~Z랭
			  킹 확인 (요금표 등)

	먼슬리	30일부터 10일 단위 계약	
	비지니스	90일부터 월 단위 계약	
새로운 주택임대 방식 도입 보증인, 전세보증금, 사례금 없음			입주 초기비용 (이용물건 개월 수 총액+청소비+항균 서비스)

레오팔레스21은 일본 내 내국인 싱글족과 일본을 방문하는 장단기체류 외국인을 대상으로 원룸주택 임대사업을 운영 중이다. 일본 전국 네트워크를 통해 총 40만 개 객실규모의 커다란 시스템을 자랑하는 도쿄에만 15만 개 객실을 보유한 대규모 부동산 개발회사다.

임대 시스템은 일반 플랜, 먼슬리 플랜, 비즈니스 플랜의 3가지로 구성되어 있어 본인의 상황에 맞게 선택하여 이용할 수 있다. 일반 플랜은 2년 계약을 기본으로 1개월분의 임대료가 계약금으로 요구된다. 먼슬리 플랜은 30일을 기준으로 10일 단위, 비즈니스 플랜은 90일을 기준으로 월단위로 연장이 가능하다.

레오팔레스21은 90%가 지주의 투자로 운영되어 지주가 소유권을 보유하고 레오팔레스21에서는 건축 및 임대운영을 한다(30년간 지주로부터 임차). 지주는 일정수익률로 보장받는데 초기 15년 동안 건축비를 회수하고 나면 이후 15년간은 실질수익을 얻을 수 있다. 레오팔레스21의 입주 초기비용이 싼 이유는 다른 일반 임대주택과는 달리 보증인이 필요 없고, 계약 시 보증금(월세의 2개월분), 사례비(2개월분), 중개비(2개월분)가 소요되지 않기 때문이다. 임대방법은 회수권 개념으로 장소 이동성이 좋다(법인의 경우 순환거주가 가능하고 지역을 이동하면서 생활이 가능함).

고층아파트를 선호하는 한국인과 달리 일본인은 차고와 작은 정원이 딸린 2층 규모의 단독주택을 선호한다. 일본은 이러한 수요에 맞게 규격화된 건축공정(자재제작 포함) 방안을 수립하여 원가절감 및 매출극대화를 실현했고 투자자에게 장기간 보장할 수 있는 수익 구조 방안을 모색하여 지주의 투자 참여를 극대화하였다.

또한 이용자의 자부심을 위해 인근지역 원룸과 차별화된 외관 및 내부 공간 디자인이 도입되었으며 인터넷 전화, IPTV 등 멤버십 서비스를 통한 통합마케팅을 실현하여 부가 서비스를 창출했다.

● 레오팔레스21의 유형

● **Residence: 가장 일반적인 원룸형태의 구조**

ROYAL RESIDENCE

GOLD RESIDENCE

NEW SILVER RESIDENCE

NEW GOLD RESIDENCE

SILVER RESIDENCE

GOLD RESIDENCE

● Maisonette: 맨션이라 불리며 2층으로 되어있다

SF MAISONETTE

SFW MAISONETTE

● Villa

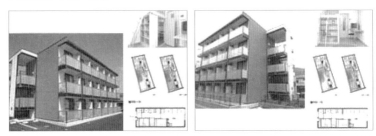

VILLA ALTA

VILLA SUPERIO

VILLA SCELTE

내부구조에서 주목할 점은 평면적인 공간을 입체적으로 분할하여 사용한 점이다. 직사각형 장방형 구조로 취침공간을 분리하여 효율적인 공간사용을 유도하며, 욕실과 화장실에 따로 문을 달아서 2개의 실로 이용함으로서 3인까지 함께 사용할 수 있다. 최근에는 표준룸(하이베드형)과 복층형룸이 인기이다.

레오팔레스21의 내부 구조

레오팔레스21의 주목할 만한 점들을 요약하면 다음과 같다.

- 몸만 들어가면 살 수 있는 공간(콤팩트형 구조, 가전, 가구완비 풀옵션)
- 취침공간을 분리시킴으로서 공간효율성 극대화
- 최소면적을 가진 욕실과 화장실을 분리한 공간 계획(2개 실로 구분)
- 여러 명이 함께 생활하기에도 전혀 불편함이 없는 구조

● 세키스이 하우스

세키스이 하우스는 레오팔레스21과 마찬가지로 토지주에게 주택을 지어주고 위탁임대 및 관리를 하는 회사이지만, 관리·운영 회사로 출발한 레오팔레스21과 달리 건설회사가 모태다. 소형 원룸에 국한하지 않고, 중대형 면적이나 일반 아파트 등 여러 타입이 개발·임대되고 있다.

오키나와 지역을 제외하고 지사가 각 지역을 할당하여 담당하고 있으며, 전체 5.4%에 해당되는 5만 7,000호를 연간 공급하고 있다. 또한 주택 공급이 업계 1위로 오피스를 중심으로 도시 재개발 사업이나 근생 시설도 수행하고 있다.

③ 2020년, **한국**의 **주택**시장 예감

현재의 주거문화 및 주택시장

현재 서울시 아파트는 전체 주택의 52%로 한국의 주거형태는 전 주거의 아파트화라는 현실의 한계성에 직면하게 된다. 아파트 공화국 또는 대형 공화국이라는 오명을 듣기에 충분하다. 다양한 주거형태의 욕구와 1인 주거의 증가로 인해 새로운 형태의 패러다임이 필요한 시점이다.

이는 주거에 대한 재정의뿐만 아니라 변화 및 다양성에 대응하는 새로운 주택개발을 통한 건축문화의 혁신이 요구된다. 어쩌면 사회 갈등의 원인 가운데 으뜸이 아파트에서 비롯되고 있는지도 모른다. 우리는 그에 대한 해답을 찾아야 하는 과제를 안고 있다.

'아파트 공화국' 서울의 모습

"온통 아파트다. 도시를, 아니 우리 국토를 뒤덮은 아파트만이 문제가 아니라 우리의 모든 삶이 아파트에 얽혀있어 상황은 더 심각하다."

-허의도의 《낭만 아파트》 중에서-

"한국의 아파트는 중간계급 제조공장, 서양에서는 아파트가 서민주택이고 부정적인 인식이 많은데 유독 한국에서 각광받는지 모르겠다. 대단지 아파트는 서울을 오래 지속될 수 없는 하루살이 도시로 만들고 있다."

-발레리 줄레조의 《아파트 공화국》 중에서-

그동안 최고의 재테크 수단으로 여겨졌던 아파트 가치가 위협을 받으면서 그 대안으로 안정적이고 꾸준한 수익을 만들어주는 수익형 부동산이 인기를 끌고 있다. 대표적인 것이 도심 속의 소형 임

아파트 분양 현장(모델 하우스)에 모인 사람들

대주택이다. 소형 임대주택은 고정수익뿐만 아니라 부동산 가치상승으로 매각 시 차익도 얻을 수 있다는 장점이 있다.

특히 고정 수입이 없는 은퇴자의 경우 노후 경제문제를 해결하기 위해 임대주택의 문을 두드리고 있다. 도심 임대주택이 인기를 끄는 이유는 가구 구성의 변화, 늦은 결혼 연령 추세, 라이프스타일의 변화 등으로 도심형 소형 주택 수요가 꾸준히 높아지고 있기 때문이다. 특히 1인 가구의 폭증이 소형 주택 수요를 증가시키고 있다.

그동안 소형 주택은 다가구나 다세대 주택, 그리고 재건축의 소형 주택 의무비율로 인한 주택 공급으로 이루어져왔다. 그러나 주차대수 기준 강화로 인하여 다가구나 다세대 주택의 공급마저도 거의 중단된 상태였다.

주차대수는 세대당 '0.3대→0.5대→0.7대→1대'로 계속 강화되어 왔다. 이에 따라 수익성은 상대적으로 낮아졌기 때문에 소형 주택을 공급하기에 한계성을 가질 수밖에 없었다. 최근까지만 해도 세대당 주차대수 1대 적용 시 수익률이 3~4% 정도에 머물러 있었으니 어떤 바보가 소형 주택으로 임대주택 사업을 하겠는가?

따라서 불법으로 사용검사 후 쪼개서 임대하는 형태로 개발되어 왔다. 그동안 주차장법으로 인하여 소형 주택 공급 활성화에 제약이 되었던 것이 사실이다. 그리고 활발한 도심재생사업으로 인하여 그나마 소형 주택의 공급원이었던 다가구, 다세대 주택의 멸실은 더욱 소형 주택의 감소 현상을 가져왔다.

● 소형 주택, 씨가 말랐다!

서울의 멸실 주택은 2010년에만 4만 8,689가구인 반면 공급예정 주택은 2만 2,539가구로 멸실증가율은 갈수록 늘어날 것이다. 또한 내년부터 뉴타운 및 재개발사업 등 도심재생사업의 본격화로 멸실 주택의 증가는 더욱 심화될 것으로 보여 도시형 생활주택의 수요는 꾸준할 것으로 보인다.

따라서 세대당 가구원이 줄어들고, 독신 인구가 증가하면서 소형 아파트의 수요가 늘어나고 있다. 찾는 사람은 많지만 공급은 부족해 소형 주택 가격 상승률은 이미 중대형을 넘어선 상태이다.

이러한 이유로 정부 역시 소형 주택 확대 방안을 내놓고 있다. 도심과 가까운 곳에 기존 분양가보다 저렴한 보금자리 주택을 비롯해 1·2인 가구를 위하여 주택건설 기준과 설치 기준을 완화했다. 이를 통해 도시형 생활주택 공급 확대를 꾀하고 있다.

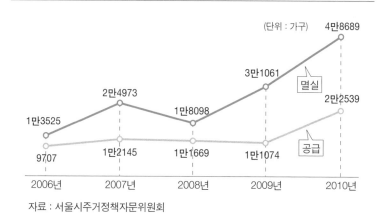

(단위 : 가구)

4만8689

3만1061

2만4973

1만8098

1만3525

멸실

2만2539

공급

9707   1만2145   1만1669   1만1074

2006년   2007년   2008년   2009년   2010년

자료 : 서울시주거정책자문위원회

기존 1 · 2인 가구를 위한 소형 임대주택 상품

기존 1 · 2인 가구를 위한 주거용 상품 공급은 다가구 · 다세대 주택, 오피스텔, 고시원으로 공급되어 왔다.

● 다가구 · 다세대 주택

흔히 원룸이라고 이야기하는 다가구 · 다세대 주택은 20세대 미만으로 연면적 660m² 이하(200평)로서 주거용으로 쓰이는 층수가 다가구는 필로티 주차장 포함 4개층, 다세대는 필로티 주차장 포함

5개층으로 법이 제한되어 있다.

한때는 다가구*로 개발하는 경우도 많았으나 다세대 주택이 1개
층을 더 지을 수 있어 최근에는 거의 다세대의 형태로 개발·공급
되어 왔다. 일반적으로 주택임대사업자로 등록하여 개발하는 방식
이며, 소형 택지(330m² 이하)에 중점적으로 공급되었다.

● 오피스텔

오피스텔은 오피스와 주거가 결합된 형식으로 업무시설로 분류
된다. 업무시설이기 때문에 주택임대사업자 등록이 불가능하며 분
양면적당 관리비를 산정함으로 과다한 관리비 지출이 오피스텔의
단점이라 할 수 있다. 최근 정부에서 전용면적 85m²까지 바닥난방
을 허용함으로서 1·2인 가구를 위한 주거용 상품으로 나름 자리
매김할 것으로 예상된다.

근래에는 서비스드 레지던스(serviced residence)의 개념이 브랜드
체인화를 구축하여 도입된 상태이다. 서비스드 레지던스는 대학가,
오피스 밀집지역, 공단주변의 학생 및 직장인이나 단기체류 외국인
들이 많이 이용하고 있으며 실별 크기는 5~33m²이며 위치 및 크기
에 따라 월임대료는 27~70만 원까지 분포되어있다. 남녀 구획,

• • • • • •
* 다가구
  다가구·다세대 주택은 통상 원룸이라고 통용되는데, 원룸은 건축법상의 용어는 아님

CCTV 설치, 관리인 상주 등 안전성이 확보되고, 고시원보다 주거환경이 우수하여 젊은층이 선호한다.

또한, 주로 도심지에 위치하며 고급 주택의 수요를 흡수하고 있는 실정이다. 뷔페(조식 제공), 사우나, 휘트니스 클럽 등 호텔식의 서비스를 제공하는 이유로 비용이 고가이며 시설 또한 고급으로 스튜디오형부터 원베드룸, 투베드룸 외에 펜트 하우스도 존재한다.

● 고시원

고시원은 기존 세대당 1대의 주차대수 적용을 받는 다세대 주택보다 주차대수 설치 기준이 완화(134㎡당 1대)되어 근린생활시설의 용도로 사용검사를 받고 불법으로 쪼개어 각 유닛(unit)에 화장실을 설치하여 주거용*으로 서민 수요층에 공급해 왔다. 그러나 주거환경이 극히 열악한 점이 고시원의 이미지를 부정적으로 인식시켜왔다.

고시원 현황에 대해 살펴보자면 서울 약 4,200여 개, 전국 약 6,000여 개, 거주인원은 약 10만 여 명에 달한다. 세무서에 사업자 등록만 하면, 영업이 가능함으로 현황 파악에 한계가 있는 것으로

. . . . . .
* 주거용
  주거용과 비주거용의 해석은 하나의 유닛에 화장실이나 주방 중 하나의 기능만 가져도 주거용으로 해석됨

판단된다.

　지역별 현황을 보면 관악구가 전체의 19.3%로 가장 많이 차지하고 있는 반면 고시원이 적은 곳은 양천(53개), 용산(54개), 은평(55개), 중랑(62개), 도봉(62개) 순이었다.

　일부지역(관악, 동작 등)을 제외하고는 전통적인 고시준비생에서 벗어나, 근로빈곤층*으로 그 이용자들이 바뀌고 있어 전체적으로 학습형 직군(학생, 취업준비생)이 42.7%, 숙박형 직군(회사원, 단순노무, 무직 등)이 57.3%로 기존 고시원의 이용목적과는 다른 방향으로 운영되고 있는 실정이다.

　지역별, 시설별로 차이가 있을 수 있으나 소위 근로빈곤층들이 기거하는 경우에 일반적으로 1~1.5평(3~5m²) 정도인 것으로 나타났다. 월 임대료는 실 규모, 시설 현황, 교통편 등에 따라 큰 차이가 있으나 역시 소위 근로빈곤층들이 기거하는 경우(3~5m²) 일반적으로 보증금 없이 15만 원 전후(SBS 뉴스추적, 18~25만 원)이다.

　그러나 고시원을 제2종 근린생활시설(바닥면적 합계 1,000m² 미만인 경우)로 인정한 건축법 시행령이 2009년 7월 국무회의를 통과하여 시행에 들어감으로써 저소득층 1인 가구를 위한 새로운 준주거용 상품으로 공급될 예정이다.

　기존에 학업용으로 주로 쓰여 왔던 고시원은 저렴한 월세수요자

• • • • • •
* 근로빈곤층
　일은 하지만 경제형편이 전혀 나아지지 않는 빈곤층. 영세제조업 근로자, 일용직, 소규모 자영업자로 현재 250만 명이 넘는 것으로 추산된다(이러한 근로빈곤층 중 생활이 어려운 사람들이 고시원에 기거).

●
고시원의 건설기준

구 분	고시원 (2009.7.16 건축법시행령 용도 분류 삽입)	비고
용도 분류	제2종 근린생활시설	
건설 기준	• '다중이용업소의 안전에 관한 특별법'에 의한 고시원업의 시설로서 – 독립된 주거의 형태를 갖추지 않고 – 바닥면적 합계가 1,000㎡ 미만(1,000㎡ 이상 시 숙박시설)	
통로 기준 등	• 내부통로 ▪ 폭: 중복도 1.5m, 편복도 1.2m ▪ 구조: 주 출입구까지 3번 이상 구부러 지는 형태 불가 • 창문: 1개 이상(최소한의 기준) (가로, 세로 각 0.5m 이상, 바깥공기와 접하는 곳)	
안전한 구조	• 해당 없음	
층간 소음 차단	• 해당 없음	
주차장 설치 기준	1대/134㎡ (설치제한지역: 1대/1,340㎡ ~1대/268㎡) * 역세권 반경 500m 이내 상업지역/준주 거지역	
분양 가능	• 분양 및 구분등기 불가	
임대인 의 주거 안정 보장	• 상가 건물로 해당 없음	

●
고시원업의 안전시설 등의 설치 기준

– 다중이용업소의 안전에 관한 특별법 시행규칙 별표 2 –

구 분	설치 기준	비 고
소방시설	1. 구획된 실마다 소화기 또는 자동확산 소화용구 설치 2. 간이 스프링클러 설비 설치 3. 구획된 실마다 유도등, 유도표지 또는 비상조명등 설치 4. 구획된 실마다 휴대용 비상소명등 설치 5. 구획된 실마다 비상벨 설비 또는 비상방송 설비 설치	
비상구	1. 영업장의 주출입구 반대방향에 비상구 설치 　－ 가로 75cm 이상, 세로 150cm 이상 　－ 문의 열림방향은 피난방향으로 열리는 구조 　－ 문의 재질은 방화문으로 설치	
기타 안전시설	1. 주방 또는 난방시설이 설치된 장소에 가스 누설 경보기 　 설치 2. 보일러실과 고시원 영업장 사이는 방화구획 3. 통로 또는 복도에는 피난유도선 설치	

들이 주거용으로 변형·활용하면서 법의 사각지대에 놓여왔다. 하지만 이번 건축법 개정으로 고시원은 다중이용시설 설치 기준에 해당될 경우, 합법적인 시설로 양성화될 수 있는 길이 열렸다.

2020, 한국의 주택시장 예감

　베이비붐 세대의 은퇴와 인구 감소는 총인구 감소로 인한 내수의 위축, 질 좋은 노동력 부족으로 저성장, 소비 감소, 주택 수요의 둔화의 초래를 야기시킨다. 또한 학령인구의 감소로 각급 학교

베이비붐 세대의 은퇴

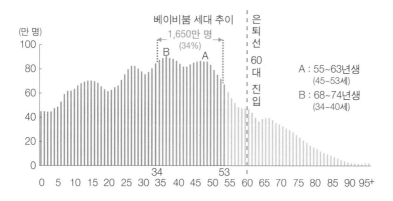

출처: 향후 10년간 사회변화요인 분석 및 시사점(통계청 2009.1.2)

구조조정 외에도 주택 수요가 대형에서 중소형으로 변화를 초래

하게 된다.

더불어 소비 및 고용의 측면에서는 내수소비의 위축, 취업경쟁

완화를 초래할 수 있다. 60대 이상 가구의 소비규모는 40대 가구의

65%, 50대 가구의 70% 수준이다. 또한 베이비붐 세대*의 약진으

로 그 앞 세대가 조기 강제 퇴직하는 등 직업 안정성이 취약하나 앞

으로 베이비붐 세대 퇴장에 따라 젊은 세대들에게는 직업 안정성이

• • • • • •

* 베이비붐 세대(1955~1963년생)

급증한 출산율과 결혼붐으로 인해 갑작스럽게 늘어난 세대(약 900만 명에 해당)를 의미하는 용어로서 일
본에서는 '단카이 세대'로 불린다. 나라에 따라 연령대가 다르다. 미국은 1946~1964년까지 태어난 7,200
만 명이, 일본은 1946~1949년까지 출생한 806만 명이 이에 속한다.

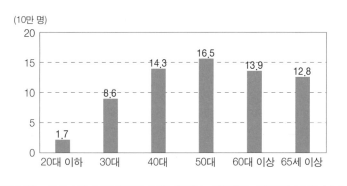

출처: 향후 10년간 사회변화요인 분석 및 시사점(통계청 2009.1.2)

크게 제고된다고 할 수 있겠다. 직업 안정성을 이유로 공기업 등 공공부문 취업에 연연할 필요성이 감소된다는 것이다.

우리나라의 경우 30대에 들어 주택보유가 늘어나면서 50대에 최대 보유, 60대에 들면서 감소하기 시작하는 추세이다. 대략 35~54세를 주택매입 세대로 볼 수 있다. 외국의 경우에도 대략 우리나라와 비슷한 패턴을 보일 것으로 추정된다.

일본의 경우, 1990년대 베이비붐 세대의 은퇴와 함께 35~54세 인구가 감소하기 시작하여 부동산 거품붕괴 시기와 비슷하다. 이는 베이비붐 세대가 은퇴하면서 부동산 수요가 줄어들었다고 추정된다. 이렇듯 일본경제가 우리와 20년 가량 차이를 놓고 움직인 경험으로 볼 때, 생산인구의 급감, 고령사회 진입에 따른 재정 악화,

일본 베이비붐 세대 은퇴의 영향

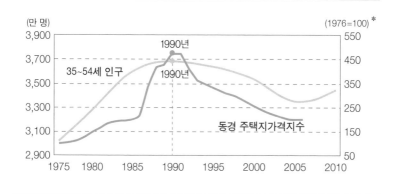

출처: 향후 10년간 사회변화요인 분석 및 시사점(통계청 2009.1.2)
* 1976년을 100으로 했을 때

베이비붐 세대의 은퇴로 인한 부동산 등의 자산 폭락현상은 대형 중심에서 중소형 중심으로, 특히 소형 주택의 수요가 높아질 것으로 예상된다.

미국의 경우 베이비붐 세대의 은퇴와 더불어 2007년 이후 35~54세 인구가 감소하기 시작하였다. 미국의 베이비붐 세대는 1946~1964년생까지의 인구를 말하며 그 기간 동안 매년 400만 명 내외의 신생아가 출산되었던 시기이다. 이러한 시기를 고려하여 보았을 때, 주택 가격도 비슷한 시기인 2006년부터 크게 하락하였다.

우리나라의 경우, 베이비붐 세대가 은퇴하면서 35~54세 인구가 2011년부터 감소할 것이라고 예측한다. 우리나라보다 먼저 경험한

● 미국 베이비붐 세대 은퇴의 영향

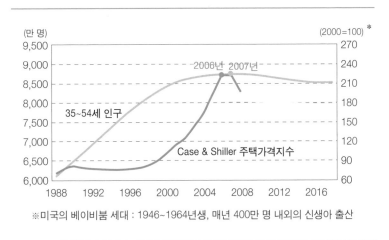

(만 명)
(2000=100) *

※미국의 베이비붐 세대 : 1946~1964년생, 매년 400만 명 내외의 신생아 출산

출처: 향후 10년간 사회변화요인 분석 및 시사점(통계청 2009.1.2)
* 2000년을 100으로 했을 때

● 한국 베이비붐 세대 은퇴의 영향

(만 명)
(2007.12=100) *

출처: 향후 10년간 사회변화요인 분석 및 시사점(통계청 2009.1.2)
* 2007년 12월을 100으로 했을 때

78

일본이나 미국 중 어느 나라의 행태를 따를지에 대해 보다 면밀한 검토가 필요한 시기이다.

한국전쟁 직후인 지난 1955~1963년 사이에 태어난 한국의 베이비붐 세대 712만 명에 이르는 이들은 본격적인 은퇴 대열에 들어선다. 우리로서도 앞으로 10년간 '베이비붐'이 소멸되는 중에 경제위기가 닥칠 가능성이 높다는 경고등이 켜진 셈이다. 박병선 통계청 분석통계팀 사무관은 "1990년대 초부터 일본의 생산가능인구 비중이 감소했는데 이는 잃어버린 10년의 장기불황과 시기상 일치한다"고 전했다.

일본 정부가 경기회복에 전방위적 역량을 기울였는데도 좀처럼 성장률을 끌어올리지 못하는 것은 단카이 세대로 불리는 2대 일본 베이비붐(1947~1949년생)의 은퇴가 지속되기 때문이라는 분석이다.

주택, '소유'에서 '거주' 중심으로

영국, 미국, 일본, 프랑스 등 선진국의 공공임대주택 정책은 여러 단계의 이행과정을 거치고 있는데 3단계로 구분하여 단계별 특징을 살펴보면 1단계는 임대주택 보급 단계로서 공공임대주택 신규건설 확대에 집중하고, 주택보급율이 100%를 넘게 되면 기존주택의 재고관리와 유지에 초점이 맞춰진다. 정부보조의 형태도 공급자 지원에서 수요자 지원으로 전환하려는 시도가 일어나는 시기이다. 우리나라는 현재 여기에 속한다고 할 수 있다.

2단계는 정부의 공공지출 삭감으로 공공임대주택에 대한 지원이 감소되는 시기로써 기존 재고주택의 활용을 중시하게 되고 민영화 추진 및 수요자 지원 정책으로 본격적 전환을 하게 된다.

3단계는 사회적 인프라를 구축하는 차원에서 도시 재생이 추진되고 그 일환으로 공공임대주택 재개발이 이루어지며, 사회구조 변화에 따라 1인 가구 등 신규 임대주택 수요가 발생하게 되어 공급정책이 새롭게 마련된다. 예로 현재 일본에서는 직주 근접형 소형 임대주택을 제도화 하고 있다.

우리나라는 1단계와 2단계의 성격을 모두 포함하고 있어 신규건설을 확대하면서 공급자 중심의 정책에서 수요자 중심의 정책으로 패러다임이 전환되고 있다.

이러한 상황에서 서울시는 2007년 1월 2일에 발표한 '서울의 주택종합정책'에서 주택개념을 소유에서 거주로 전환하여 주택 가격 안정을 유도할 수 있는 방안으로 '장기전세주택'을 제시하였고 실수요자인 일반 무주택 시민에게 공급하겠다고 발표하였다.

그동안 임대주택에 대한 낡은 '싸구려 주택'이라는 이미지를 벗고 분양주택과 동일한 내부설계와 마감재를 갖춘 중대형을 포함한 다양한 평형의 '장기전세주택'을 입지여건이 좋은 곳에 공급함으로써 다양한 계층의 수요 욕구를 충족시키고 있다. 서울시와 SH공사는 '장기전세주택'을 'Shift (시프트)'라는 명칭으로 차별화된 마케팅 전략을 가지고 시정 역점사업으로 추진하고 있다.

♦ 장기전세주택 Shift

장기전세주택은 2007년 초 서울시가 최초로 도입한 새로운 개념의 임대주택으로 주변 전세가의 80% 이하로 최장 20년간 거주할 수 있는 주택이며 기존 임대주택과 달리 85m² 이상의 중·대형 규모도 공급한다.

● 시프트(Shift)

장기전세주택으로 가장 먼저 도입된 SH공사의 SHIFT는 2007년 서울시에서 새롭게 도입된 신개념 임대주택으로써 무주택 실수요자를 위하여 다양한 평형의 주택을 주변 시세와 연동하여 저렴한 가격에 장기간 거주할 수 있도록 하는 공공 임대형 전세주택 제도이다.

● 시프트 사업이 적용되는 사업대상지

사업대상지는 역세권 안의 주거지역이 된다. 단, 전용주거지역은 제외하며, 제1종 일반주거지역 및 다른용도지역은 주변 여건과 토지의 효율적 이용, 획지의 정형화 등이 필요하다고 위원회가 인정하는 경우에 한하여 포함할 수 있다. 사업대상지는 준주거지역(준주거지역으로의 세분변경이 가능한 대상지를 포함한다)을 전제로 검토한다.

따라서 준주거지역으로의 변경이나 주거용 건축물의 건축이 부적절하다고 위원회가 판단하는 경우 제외할 수 있다. 사업대상지가 역세권 내외에 걸치는 경우 사업대상지의 과반 이상이 역세권 안에 포함되어야 한다. 다만, 주변 여건과 토지의 효율적 이용, 획지의 정형화 등의 필요성에 따라 위원회

에서 부득이하다고 인정하는 경우에는 완화할 수 있다. 주택
재건축정비구역, 주택재개발정비구역, 주거환경정비구역 및
재정비촉진지구 안에서는 본 기준을 적용하지 아니한다.

● 사업단위 규모

사업대상지는 5,000m² 이상(입안권자가 스스로 일단의 지역
을 대상으로 입안하여 결정 · 고시된 지구단위계획구역 내의
경우 3,000m² 이상)이고 공동 주택의 규모는 장기전세주택
을 포함한 주택수가 100세대 이상의 주거복합건물로 한다.
단, 주거복합건물에 대한 규정 및 주거비율 등은 주택법 또
는 건축법 등의 관련 규정에 따른다. 주변 여건과 토지의 효
율적 이용 등을 위하여 위원회에서 부득이하다고 인정하는
경우 위 기준을 제한적으로 완화하여 적용할 수 있다.

● 용적률 체계

적용 용적률은 제2종 일반주거지역 또는 제3종 일반주거지
역에서 준주거지역으로 세분변경하거나 준주거지역으로 존
치를 전제로 하고 있으며, 하나의 사업대상지 안에서 기존의
용도지역이 다를 경우 이를 가중 평균하여 용적률 체계를 적
용한다. 즉, 사업대상지의 일부나 전부가 제1종 내지 제3종
일반주거지역으로 존치되어야 하거나 준공업지역 또는 상업
지역 등이 포함되어 있다면 그 대상지의 일부나 전부는 본 방
안의 사업대상지에서 제외될 수 있다.

현재 용도지역	제2종 일반주거지역		제3종 일반주거지역 일반주거지역 (1991.5.11 이후 준주거 포함)	준주거지역 (단, 1991.5.10 이전)
	7층 이하	12층 이하		
세분변경 후 용도지역	준 주거지역	준 주거지역	준주거지역	준주거지역
기준용적률	200%	200%	250%	400%
(패키지) 허용용적률 = 장기전세주택 공급 + 우수디자인 + 커뮤니티 지원시설 + 친환경 건축물 등	430%	430%	450%	500%
장기전세주택 건립 용적률	115%	115%	100%	50%
	장기전세주택 건립에 따라 완화된 용적률의 50/100 이상			
상한용 적률	500%	500%	500%	500% 이상

● 장기전세주택 탄생배경

✿ 서울시가 장기전세주택 정책을 추진하기 시작한 것은 오세훈
시장이 2007년 1월 10일 주택국 업무보고 자리에서 "장기전세
주택이 주택개념을 소유에서 거주로의 인식전환에 실질적인 도
움이 되므로 공급목표, 입주자격 기준 등을 면밀하게 검토하여

종합대책을 마련하기 바란다"는 지시사항에서부터인 것으로 알려지고 있다.

🔸 오시장은 2007년 6월 11일 장기전세주택 브랜드(🔵) 선포식에서 "오늘은 매우 특별한 날입니다. 변화와 전환의 의미를 지닌 '시프트'는 이제 서울시 주택정책의 패러다임을 바꾸고 새로운 주택문화를 선도하는 상징이 될 것이기 때문입니다. 장기전세주택은 일반 아파트와 똑같은 아파트에 반값보다 저렴한 가격에 들어가서 내집처럼 편하게 살 수 있는 곳입니다. 집값이 오르더라도 그 이익이 특정인에게 돌아가지 않고, 계속해서 그곳에 집 없는 시민이 거주하게 됩니다. 이는 아파트 가격을 낮추고 개발 이익을 환수한다는 두 마리 토끼를 한 번에 잡는 정책입니다"라고 말한 바 있다.

● 장기전세주택의 높은 청약경쟁률

🔸 **평균 청약 경쟁률: 6,388호 공급(9.4대1)**
- 2007년 2,016호 공급: 7.0대1
- 2008년 2,625호 공급: 9.6대1
- 2009년 6월 현재 1,747호 공급: 12.05대1

기존 임대주택의 개념과 다른 서울시 장기전세주택 시프트는 주택문화의 새로운 장을 열었다. 집에 대한 개념을 '사는 것'에서 '사는 곳'으로 전환시킨 패러다임의 전환으로 그 가치를 인정받고 있고, 실수요자들로부터 많은 관심과 호응을 얻고 있다.

지난 2년간 10차에 걸쳐 공급된 시프트는 평균 청약 경쟁률이 9.4대1을 기록하여 무주택 서민과 중산층이 들어가서 살고 싶은 주택으로 시민고객에 의해 평가받고 있다. 특히 5차 장지지구 전용 84m²의 경우 79대1을 기록하고, 9차에 공급된 관악 청광플러스원 전용 59m²의 경우 156대1을 기록하여 시프트(Shift)에 대한 주택시장의 반응과 평가는 기대 이상이었다.

● 장기전세주택의 제도화(법제화)

- 정부 주도하의 주택정책 사상 최초로 지방정부 주도하의 정책 개발과 입법화 추진
- 장기전세주택을 매개로 임대주택 정책에 대한 정부 권한의 지방 위임 본격화
- 재건축임대주택의 입주민 선정 기준은 권한위임이 발생하여 시에서 별도 기준을 마련함

서울시는 기존 임대주택 유형 중 공공건설 임대주택과 재건축매입 임대주택을 장기전세주택으로 공급해왔으나 공급 기준과 방법

은 개별 법률에 의존할 수밖에 없어 장기전세주택의 공급취지와 정책목표 달성에 어려움을 겪어 왔다.

이에 서울시는 장기전세주택제도 도입 초기에 국토해양부에 임대주택법, 주택 공급에 관한 규칙 등에 대한 제도개선을 위해서 수차례에 걸쳐 건의하였다. 오세훈 시장이 직접 앞장서서 국토해양부장관을 만나는 기회마다 장기전세주택 법제화를 요청하였고, 시 주택국장 및 실무자들을 독려하여 국토해양부 주택토지실(구 주거복지본부) 등 관계부서에 40여 차례 방문협의를 지속하였다.

그 결과 공공임대주택 정책의 모법인 임대주택법에 20년 범위 안에서 전세로 공급하는 임대주택의 유형인 장기전세주택을 신설 법정 정책화하는 개정 임대주택법이 2009년 3월 25일 개정·공포됐다. 그리고 그 후속조치로 임대주택법 시행령과 시행규칙이 입법예고 되어 2009년 6월 26일 공포·시행되었다.

법제화가 완료되어 시 내부 방침으로 공급하던 '장기전세주택' 제도에 대한 법적 근거 확보로 안정적인 재고확보가 가능해졌고, 각 자치단체별로 여건에 맞게 제도를 받아들여 전국적 확대 시행이 가능해질 것으로 보인다.

이와 더불어 향후 장기전세주택 매입 재원확보를 위한 주택사업 특별회계 조례 개정과 장기전세주택의 입주자 선정 기준 등의 일부를 시도지사에게 위임토록 하는 주택 공급에 관한 규칙·개정 및 도시환경정비사업으로 역세권 시프트 추진이 가능하도록 도시 및 주거환경정비법 시행령 개정을 2009년 하반기 중에 이루어지도록 추진 중이다.

1. 시프트 설문조사 결과 요약 서울시 고객만족추진단 설문조사 결과(2009.6.9)

(1) '시프트' 인지도(일반시민 대상): **74.3%** (* 2008년 54.4%)

① 유주택자: 51.6%　　② 무주택자: 89.5%

● 시프트 인지도

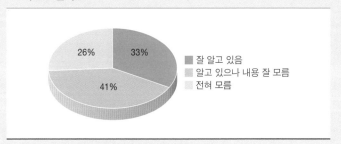

■ 잘 알고 있음
■ 알고 있으나 내용 잘 모름
■ 전혀 모름

● '시프트' 입주자격이 있는 동시에 주택 구매능력도 있는 경우 선호도

	2008년 조사	2009년 조사
인지도(유주택자)	53.3%	51.6%
인지도(무주택자)	55.7%	89.5%

(2) '시프트' 입주자격이 있는 동시에 주택 구매능력도 있는 경우
선호도

① **시프트 입주: 49.5%**　② 주택 소유: 50.5%

● 시프트 입주 vs 주택 소유

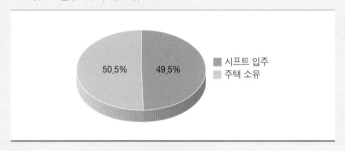

(3) '시프트'에 입주하고자 하는 주된 이유
　　① **20년간 안정적 거주 가능**　　: 34.1%
　　② 저렴한 전세금　　　　　　　　: 28.9%
　　③ 전세형 임대주택　　　　　　　: 27.4%
　　④ 기존 임대주택과 차별성　　　 : 4.8%
　　⑤ 주거환경 및 품질　　　　　　 : 4.8%

● 시프트 입주 희망사유

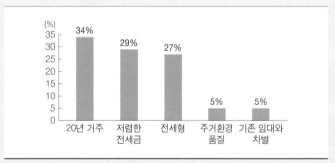

(4) '시프트' 공급으로 주택에 대한 개념을 바꿀 수 있다고 보는가?
    ① 일반시민   : 75.8% 긍정
    ② 시프트 입주민   : 90.2% 긍정

● 시프트 공급이 거주개념에 미치는 영향(일반시민)

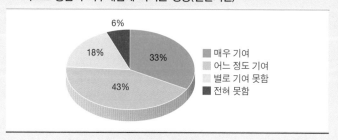

● 시프트 공급이 거주개념에 미치는 영향(입주민)

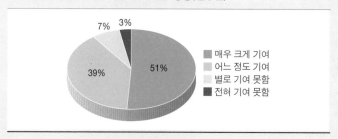

(5) '시프트' 입주자 주거 만족도: **92.7%** (* 2008년 70.5%)

   ① 일반시민   : 75.8% 긍정

   ② 시프트 입주민   : 90.2% 긍정

● **시프트 만족도**

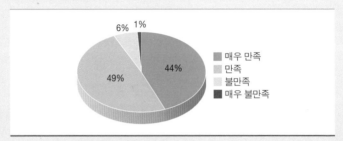

   ※ 만족 사유

     ① **20년 안정적 거주**   : 44.4%

     ② 저렴한 전세금   : 27.6%

     ③ 기존 임대주택과의 차별성   : 21.8%

     ④ 기타   : 6.2%

● **시프트 거주의 매력**

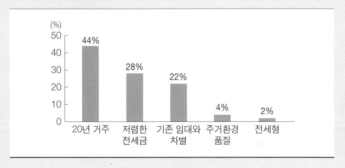

	입주 희망 사유	입주자 만족도 사유	비 고
① 20년간 안정적 거주	① **34.1%**	① **44.4%**	
② 저렴한 전세금	② 28.9%	② 27.6%	
③ 전세형	③ **27.4%**	⑤ 1.8%	
④ 기존임대주택과 차별성	④ 4.8%	③ **21.8%**	
⑤ 주거환경 및 품질	⑤ 4.8%	④ 4.4%	

2. 공급차수별 공급량 및 경쟁률

2007.4월(1차)~2009.2월(9차) 총 공급량: 5,217호

－2007: 2,016호 → 2008: 2,423호 → 2009: 576/3,175호

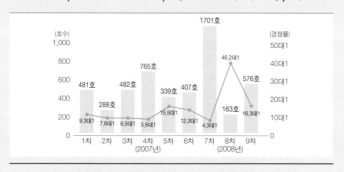

● 공급 차수별 신청자 수 현황

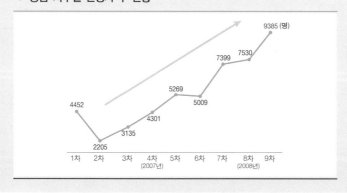

● 다양한 소형(저렴) 주택 공급 확대

1·2인 가구 흡수를 위한 주택 유형화를 검토하여 최종적으로
'도시형 생활주택(기숙사형 주택, 원룸형 주택)'이라는 주택이 등장하
여 입법화하기에 이르렀다.

●
다양한 소형(저렴) 주택 공급 확대

출처: 서민의 주거안정을 위한 다양한 소형(저렴)주택 공급 확대(서울시 주택공급과)

고령화에 대비하여 노인 가구가 공동식사나 휴게 등 편리하게
공동생활을 누릴 수 있는 주거유형으로도 발전될 수 있다는 점을
기대하고 있다. 그리고 1·2인 전문직 종사자 등 고급수요 일부를
흡수할 수 있는 새로운 사업유형을 개발하는 데도 목적을 두고

있다.

또한 민간에 의해 자율적으로 운영되고 있는 각종 소형 임대주택을 세제 및 금융에 대한 정부의 체계적인 지원으로 이미 높게 측정되어 있는 임대료를 바로 잡으려는 것도 겨냥하고 있다.

국토부는 이러한 1·2인 가구의 다양한 특성을 감안하여 기숙사형과 원룸형으로 유형화하여 건설 기준, 부대복리시설, 공급방법 등에 대해 기존주택과 차별화한 방안을 제도화하였다.

기존의 공공임대주택 프로그램을 활용하여 새로운 유형의 임대주택을 공공에서 적극 공급해나갈 계획이며 이는 영구 임대단지 내 복리시설 리모델링, 역세권 고밀복합개발, 철도부지 활용 등 추진 중인 각종 도심 주택 공급 확대방안과 연계하여 추진해나갈 것이라고 한다.

주택시장도 공급자로부터 수요자 중심으로 변화하기 시작하였다. 수요자는 주택의 질뿐만이 아니라 생활의 질, 특히 주택 및 도시환경의 질적 개선을 요구하게 되었으며, 정부의 정책에도 변화가 초래되었다. 1인 가구가 급증하는 한국에서도 싱글족의 취향을 충족시키는 주택이 나오면서 빠른 속도로 선진국의 주택시장을 닮아갈 것으로 보여 진다.

3부

알기 쉬운 도시형 생활주택

① 도시형 생활주택이란?

도시형 생활주택의 정의

　변화하는 경제상황, 인구동향 등 사회 트렌드를 반영한 주택의 수요는 '도시형 생활주택' 이라는 상품을 탄생시켰다. 좀 더 바람직한 방향으로 한국의 주거문화를 이끌어 가기 위해 시작점이 되고 있는 도시형 생활주택은 주택멸실로 공급은 줄고 수요는 늘어만 가는 현 상황에서 공급량이 더욱 확대될 것이다.

　도시형 생활주택이란 300세대 미만의 국민주택 규모(세대당 주거전용면적 85m² 이하)에 해당되는 주택을 말한다. 공동주택인 경우 20세대 이상(도시형 생활주택 30세대 이상)은 주택법 제16조에 따른 사업계획승인 대상이 되며 상업·준주거지역에서 300세대 미만과 기타 지역에서 30세대 미만은 건축허가 대상이다.

도시형 생활주택의 상품은 5가지로 구성된다. 원룸형 다세대 주택, 원룸형 연립 주택, 원룸형 아파트, 단지형 다세대 주택, 단지형 연립 주택이다.

●
도시형 생활주택 가능지역

지역	항상가능	조례위임
1종 전용주거	−	연립, 다세대
2종 전용주거	O	
1종 일반주거	아파트 제외	
2종 일반주거	O	
3종 일반주거	O	
준주거	O	
중심상업	−	주거복합
일반상업	주거복합	공동 주택
근린상업	주거복합	공동 주택
유통상업	×	
전용공업	×	
일반공업	×	
준공업	−	공동 주택(기숙사 제외)
보전녹지	×	
생산녹지	−	공동 주택(아파트 제외)
자연녹지	−	공동 주택(아파트 제외)

도시형 생활주택 유형별 건축 기준

도시형 생활주택 (주택법)	주택유형 (건축법)	건축 기준	
		주택으로 쓰는 층수	1개동의 바닥면적 합계
원룸형	다세대 주택	4개층 이하	660m² 이하
	연립주택	4개층 이하	660m² 이상
	아파트	5개층 이상	제한없음
단지형 다세대	다세대 주택	–	–
단지형 연립	연립주택	–	–

➡ 6개 법령 개정
– 주택법, 주택법 시행령, 주택건설 기준 등에 관한 규정, 주택 공급에 관한 규칙
– 국토의 계획 및 이용에 관한 법률, 건축법 시행령

원룸형 주택은 건축물의 용도상 다세대 주택, 연립 주택, 아파트로 건설 가능하며 분양과 임대 모두 가능하다. 단지형 다세대 주택·단지형 연립주택은 각각 건축물의 용도상 다세대 주택·연립주택에 해당하고, 건축심의를 거쳐 1개 층을 더 건설할 수 있다. 단지형 다세대 주택·단지형 연립주택이 준용하고 있는 건축법 시행령 제3조의 4관련(용도별 건축물의 종류) 제2호 나·다목에 따르면, '주택으로 쓰는 1개동의 바닥면적 합계가 660m² 이하는 단지형 다세대, 660m² 이상은 단지형 연립으로 층수가 4개 층 이하인 주택'

●
도시형 생활주택 유형별 차이점

구 분	원룸형	단지형 다세대	단지형 연립
주거전용면적	12~50m²	85m² 이하	85m² 이하
용도구분	아파트, 연립, 다세대	다세대	연립

이라고 규정하고 있으므로, 660m²의 기준은 하나의 동에 해당한다. 도시형 생활주택은 ①원룸형 주택, ②단지형 다세대 주택, ③단지형 연립주택으로 구분된다.

① 원룸형 주택

벽으로 구획되지 않은 하나의 공간에 욕실과 부엌이 설치되어 있는 공간이다. 실의 면적은 12~50m²이며 원룸형은 아파트, 연립, 다세대 형태로 지을 수 있다. 최근 도시형 생활주택은 정부가 5·1 대책을 통해 전용면적 30m² 이상에는 칸막이를 허용하면서 침실과 거실이 분리되는 등 다양한 평면이 가능해졌다.

② 단지형 다세대 주택

하나의 단지에 여러 동의 다세대 주택을 건립할 수 있고 건물의 동수에 상관없이 하나의 단지에 여러 동의 다세대 주택을 건립할 수 있고 건물의 동수에 상관없이 299세대 이하의 기준을 맞춰야 한다. 다만 각 동마다 다세대 기준에 맞는 주택면적이 660m² 이하여야 하며 세대당 주거면적도 85m² 이하인 기준을 충족시켜야 한다.

③ 단지형 연립 주택(2010. 4. 13 주택법 시행령 등 국무회의 의결)

동별 연면적이 660m² 이상으로 연면적에 제한을 두지 않으며 세대당 주거면적이 85m² 이하 기준을 충족시켜야 한다. 도시형 생활주택의 유형별 규정 및 주차대수 산정 기준은 다음과 같다.

●
도시형 생활주택의 유형별 규정 및 주차대수 산정 기준

유형	건축물 종류	세대수	전용 면적 기준	주차대수 산정 (서울시 기준)	기준
원룸형 주택	건축법상의 공동 주택 (다세대 주택, 연립 주택, 아파트)	300 세대 미만	12~ 50m²	전용면적 합계 기준 60m²당 1대 (상업. 준주거지역 내 120m²당 1대)	• 욕실, 부엌 설치 가능 • 욕실을 제외하고 거실을 하나의 공간으로 구성 • 독립된 주거형태 • 지상층에 설치
단지형 다세대 주택	건축법 시행령에서 규정한 다세대 주택	300 세대 미만	85m² 이하	전용면적 합계 기준 30m² 이하 0.5대 60m² 이하 0.8대 60m² 초과 1대	• 주택으로 쓰이는 1개동의 바닥면적 합계가 660m²(200평) 이하이고 층수가 4층 이하 주택 • 건축위원회의 심의를 받은 경우 주택의 층수를 5층까지 가능(4층→5층) • 지하주차장 통합 설치 • 동별 맞벽(측벽) 건축 허용 • 지상층에 설치
단지형 연립 주택	건축법 시행령에서 규정한 연립 주택				• 주택으로 쓰이는 1개 동의 바닥면적 합계가 660m²(200평) 이상이고 층수가 4개층 이하 주택

국토해양부는 '8·23 전세대책' 이후 추가로 '9·10 규제완화'를 발표함으로써 도시형 생활주택의 주차대수 면적 기준을 완화하였다.

원룸형은 기존대비 20m²가 증가한 12~50m²로 변경되었다. 그리고 상업 및 준주거지역내 주차대수 산정 기준은 원룸형 전용면적

120m²당 1대로 완화시킴으로써 원룸형 주택의 주차장 설치 기준이 고시원(연면적 134m²당 1대)수준으로 대폭 완화되었다.

도시형 생활주택과 일반 공동 주택과의 차이점

도시형 생활주택은 주택법상 감리대상에서 제외되고, 분양가상한제 적용을 받지 않으며, 특히 150세대 이상의 도시형 생활주택 단지형 연립주택과 단지형 다세대주택의 경우에는 경로당과 어린이놀이터를 의무적으로 설치해야 한다. 또한, 단지형 다세대 주택·단지형 연립주택은 주택으로 쓰이는 층수를 4개 층에서 5개 층으로 층수완화를 적용받을 수 있다(건축위원회의 심의를 받은 경우). 다만, 원룸형 다세대 주택은 주거용 층수완화(1개 층) 규정을 적용받을 수 없다.

구 분	일반 공동 주택 (아파트, 연립, 다세대)	도시형 생활주택
감 리	〈주택법감리〉 사업승인권자가 감리업체의 지정 건축사(수석감리사) 상주감리	〈건축법감리〉 아파트 또는 바닥면적 5,000m² 이상: 건축감리원 1인 이상 상주감리 바닥면적 5,000m² 미만 공동 주택: 건축사 비상주 감리
분양가 상한제	〈적 용〉	〈미 적 용〉
입지지역	도시·비도시지역 중 허용지역	도시지역 중 허용지역

구 분	일반 공동 주택 (아파트, 연립, 다세대)	도시형 생활주택
주거 전용면적	297m² 이하	단지형 다세대 · 단지형 연립: 85m² 이하 원룸형: 12~50m²
건설 기준	'주택건설 기준 등에 관한 규정' 적용 – 건설 기준, 부대 · 복리시설 기준 등	기준 완화 (주차장 기준 등)
공급규칙	'주택 공급에 관한 규칙' 적용 – 주택청약자격, 입주자저축 등	일부만 적용 (분양보증, 공개모집)

● 국토해양부는 도시형 생활주택 관련 '8 · 23전세시장 안정 대책' 및 후속조치인 '9 · 10 추가 규제완화'를 통해 공급을 더욱 활성화시켰다. 주택 공급물량 30만 호 중 20만 호가 도시형 생활주택에 해당된다. 구체적인 내용은 다음과 같다.

● '8 · 23 전세대책' 및 '9 · 10 추가 규제완화' 주요 내용

구 분	개 정 내 용	개정사항	조치완료
《 8 · 23 전세대책 》			
주택기금 지원 기준마련	· 단지형 다세대 – 세대당 5,000만 원 · 원룸형 주택 – ㎡당 80만 원(전용면적 기준)	기금운용계획	2009. 11. 4
주차장 기준개선	· 원룸형 주택 –(종전) 세대당 0.2~0.5대 (변경) 전용면적 60㎡당 1대	주택건설기준 규정 제27조 제6항	2009. 11. 5
진입도로 기준 완화	· (종전) 6m ➡ (변경) 4m	주택건설기준 규정 제26조	2009. 11. 5
복합건축 허용	· (종전) 도시형 생활주택과 그 외 주택의 복합건축 불허 · (변경) 상업지역 또는 준주거지역 에서 복합건축 허용	주택법시행령 제3조 제2항	2009. 11. 5
무주택자 기준 완화	· (종전) 20㎡ 이하의 아파트 소유 자는 유주택자로 간주 · (변경) 20㎡ 이하의 아파트 소유 자도 무주택자로 간주	주택 공급규칙 제6조 제3항	2009. 12. 10
학교용지 부담금 부과제외	· (종전) 원룸형 학교용지부담금 부과 · (변경) 원룸형 학교용지부담금 부과제외	학교용지확보 등에 관한 특례법	– (교과부 협의완료 2009.8)

구 분	개 정 내 용	개정사항	조치완료
《 9·10 추가 규제완화 》			
주차장 추가완화 (상업·준주거지역)	·(종전) 60㎡당 1대 ·(변경) 120㎡당 1대	주택건설기준 규정 제27조 제6항	2009. 11. 5
면적제한 완화	·원룸형 (종전) 30㎡ → (변경) 50㎡	주택법 시행령 제3조	2009. 11. 5
기계식 주차장 허용	·(종전) 기계식 주차장 설치금지 ·(변경) 상업, 준주거지역 내 주상복합 형태 원룸형·기숙사형 기계식 주차장 허용	주택건설기준 규칙 제6조	2009. 11. 5
연면적 산정방법 변경	·(종전) 공동사용시설 연면적에 포함 ·(변경) 1·2인 주택의 공용취사실, 세탁실, 휴게실은 연면적에서 제외	주택건설기준 규정 제2조	2009. 11. 5

◈ 20세대 이상 공동 주택에 그린홈 건설 기준 적용

2009년 10월 13일 국토해양부는 20세대 이상 공동 주택(아파트, 연립, 다세대)의 사업승인 신청 주택 가운데 1채라도 그린홈 최소 기준이 충족되지 않으면 사업승인을 내주지 않기로 하였다. 20세대 이상 공동 주택을 지을 경우 에너지 발생량을 10~15% 절감하자는 취지이며 이러한 내용의 그린

홈 기준은 주택건설 기준 등에 관한 규정 제64조 3항(2009. 10 .19 고시)과 '친환경 주택건설' 기준 및 성능(국토해양부 관보)을 통해 세부사항을 확인할 수 있다.

● **그린홈 건설 기준**

전용면적 60m² 초과 주택의 경우, 총에너지 또는 이산화탄소 배출을 지금보다 15% 이상,

전용면적 60m² 이하 주택의 경우, 총에너지 또는 이산화탄소 배출을 지금보다 10% 이상,

각각 절감할 수 있게 설계해야 한다.

그린홈 기준을 적용할 경우 분양가는 전용면적 85m²(25.7평) 기준 한 채당 300~500만 원 정도 높아질 것이라고 예상하고 있으며 취·등록세를 낮추어 주는 등 세제감면 혜택도 부여된다.

건설 기준 및 부대복리시설

도시형 생활주택은 일반 공동 주택에 비하여 각종 건설 기준 및 부대복리시설 기준이 완화된다. 일반 공동 주택을 20세대 이상 건설할 경우 '주택건설 기준 등에 관한 규정'에서 정한 건설 기준, 부대시설 및 복리시설 설치 기준 등을 적용하여야 한다.

주거안정과 안전 등을 고려하여 경계벽, 복도, 진입 도로 등의 규정은 일반 공동주택과 동일하게 적용하며, 150세대 이상의 도시형 생활주택 단지형 연립주택과 단지형 다세대 주택의 경우에는 경로당과 어린이놀이터를 의무적으로 설치해야 한다.

●
일반 공동 주택과 도시형 생활주택 건설 기준

구 분		일반공동 주택	도시형 생활주택	규정
건설기준	소음 보호	외부 65db 미만, 내부 45db 이하	제외	제9호
	배치	외벽은 도로, 주차장과 2m 이상 이격	제외	제10호
	기준 척도	평면 10cm, 높이 5cm 단위 기준	제외	제13조
부대시설	관리 사무소	〈50세대 이상 설치〉 10m²+매세대당 500cm²	제외	제28조
	조경 시설	단지면적의 30% 이상 설치	제외(건축법 적용)	제29조
	안내 표지판	등번호, 도로표지판, 게시판 등	제외	제31조
	비상 급수 시설	지하양수시설 또는 저수조 설치	제외	제35조
복리시설	어린이 놀이터	〈50세대 이상 설치〉 100세대 미만: 세대당 3m² 100세대 이상: 300m²+세대당 1m²	제외	제46조
	경로당	〈100세대 이상 설치〉 40m²+150m² 세대 초과 시 세대당 0.1m²	제외	제55조

●
주택건설 기준상 사업계획승인 요건 적용여부

구 분	사업 승인	세대 규모	조항	시 설 명	내 용
건설 기준	○		12조	복합건축	숙박, 위락, 공연장, 위험시설과 복합금지
건설 기준	○		14조	경계벽	세대 · 주택의 시설과 경계벽은 내화구조
건설 기준	○		14조3항	층간소음	경량 58db, 중량 50db 이하
건설 기준	○		15조	승 강 기	6층 이상 승용, 7층 이상 화물용, 10층 이상 비상용
건설 기준	○		16조	계단	단높이 · 너비, 계단참 폭, 출입문 안전유리 사용
건설 기준	○		17조	복도	복도의 유효폭(120~180 이상) 규정
건설 기준	○		18조	난간	높이(120㎝ 이상), 간살(10㎝ 이상)
부대시설	○		21조	화 장 실	수세식, 오수처리시설 · 정화조 설치
건설 기준	○		22 · 23조	장애인 시설기준	장애인 · 노인 · 임산부 편의증진법 준수
건설 기준	○		24조	구조내력	건축법 규정 준수
부대시설	○		25조	진입도로	세대규모별 폭 규정(300세대 미만 6m 이상)
부대시설	○		26조	단지도로	100세대 미만 폭 4m 이상(보통 6m 이상)
건설 기준	○		30조	수해방지	2m 이상의 옹벽과 이격거리 규정
부대시설	○		32조	통신시설	전화, 인터폰 등 통신선로 구비
부대시설	○		33조	보 안 등	어린이놀이터, 도로에 50m마다 설치
부대시설	○		34조	가스시설	가스공급 및 저장설비 구비
부대시설	○		37조	난방설비	6층 이상은 중앙집중난방방식
부대시설	○		38조	폐기물보관	생활폐기물보관시설 및 용기 구비
부대시설	○		40조	전기시설	세대당 3kw 이상, 전력량계 설치
건설 기준	○		41조	소방시설	소방법 준수
부대시설	○		42조	방송수신	세대당 구내방송수신선로 2개소 이상
부대시설	○		43조	급 · 배수 시설	수도법 준수, 수도계량기, 급수전 설치

구 분	사업 승인	세대 규모	조항	시 설 명	내 용
부대시설	○		44조	배기설비	건축법에 따른 환기 · 배기 기준 준수
부대시설	○		50조	근생시설	매세대당 6㎡ 초과금지(도시형 생활주택은 면적제한 폐지(2010. 4. 13 주택법 시행령 등 국무회의 의결)
부대시설	△		27조	주 차 장	세대당 1대 이상(60㎡ 이하 0.7대 이상)
복리시설	해당 없음	300세 대 이상	55조	주민공동 시설	50㎡+300세대 이상 매세대당 0.1㎡
복리시설	해당 없음	300세 대 이상	55조	보육시설	상시 20인 이상(500세대 이상은 40인)
복리시설	해당 없음	300세 대 이상	55조	문고	33㎡ 이상, 6석 이상, 1,000권 이상
부대시설	해당 없음	500세 대 이상	53조	주민운동 시설	300㎡+200세대마다 150㎡
건설 기준	해당 없음	1,000세 대 이상	58조	주택성 능등급	20개 항목 표시(에너지 500세대 이상)
복리시설	해당 없음	2,000세 대 이상	52조	유치원	전용 85㎡ 비율이 60% 이상인 경우 제외

도시형 생활주택의 분양절차 완화

　도시형 생활주택은 공동 주택으로 분류돼 '주택 공급에 관한 규칙'이 적용되지만 일반 공동 주택과는 분양 방식이나 청약 자격이 많이 다르다.

　도시형 생활주택은 청약통장이 없어도 분양받을 수 있고, 재당첨 제한도 적용 받지 않는다. 도시형 생활주택은 입주자모집시기, 모집승인신청 및 승인, 모집공고, 공급계약내용 등 분양에 필요한 최소한의 절차적 규정만 따르도록 하고 있으며 사기분양, 부도 등을 막기 위하여 분양보증이 적용되도록 하고 있다.

구 분	알반공동 주택, 도시형 생활주택	주택 공급에 관한 규칙
입주자 모집 시기 및 조건	대지소유권과 분양보증을 갖춘 후 착공과 동시에 입주자 모집가능 등	제7조
입주자의 모집절차	대지 · 분양보증 등 확보 후 구청장에 입주자 모집 승인신청, 입주자 공개모집 등	제8조
주택의 공급계약	주택 공급계약서에 포함되어야 할 내용 등	제27조 제5항, 제6항, 제7항

도시형 생활주택의 복합건축

도시형 생활주택은 하나의 건축물에 다른 유형을 함께 건설할 수 없다. 단, 도시형 생활주택을 동일한 단지에 별개의 건축물로 건설하거나, 도시형 생활주택과 일반 공동 주택을 동일 단지에 별개의 건축물로 건설하는 것은 가능하다.

또한, 상업 · 준주거지역 내에서 주상복합 형태의 도시형 생활주택(원룸형)+근린생활시설+오피스텔(업무시설) 등과 복합건축이 가능하다(주택법시행령 제3조 제2항). 이 경우 원룸형 주택만 가능하며, 단지형 다세대 주택과 단지형 연립주택은 해당되지 않는다.

다만, 도시형 생활주택은 일반 공동 주택과 마찬가지로 동일건축물에 숙박시설, 위락시설과 주택을 같이 건설할 수 없다. '주택건

● 동일 단지 · 건축물 내 혼합건설 허용여부

구 분	혼 합 유 형	가 능 여 부
동일 건축물	일반공동 주택+도시형 생활주택 (원룸형)	가능 (상업 · 준주거지역에 한함)
	단지형 다세대 + 원룸형 단지형 연립 + 원룸형	불가능
	원룸형	가능
동일단지	일반 공동 주택 + 도시형 생활주택	별개 건출물로 건설 시 가능
	단지형 다세대 + 원룸형 단지형 연립 + 원룸형	별개 건출물로 건설 시 가능

설 기준 등에 관한 규정' 제12조에 따라 숙박시설, 위락시설, 공연장, 공장이나 위험물저장 및 처리시설, 기타 사업계획승인권자가 주거환경에 지장이 있다고 인정하는 시설은 주택과 복합건축물로 건설하지 못하도록 하고 있다.

기타 건설 기준 완화

도시형 생활주택의 공급을 활성화하기 위하여 주택법령 이외에도 '국토의 계획 및 이용에 관한 법률 시행령' 및 '건축법 시행령'을 개정하여 건설 기준의 적용을 완화하였다.

●
건축법 시행령 완화내용

구 분		완 화 내 용	비 고
국토의 계획 및 이용에 관한 법 시행령 제71조 별표4		제1종 일반주거지역에서(4층) 단지형 다세대 주택은 5층으로 층수 완화(피로티 제외)	2009. 05.13 개정공포
건축법 시행령	제3조의4 별표1	〈단지형 다세대 지하주차장 통합설치 가능〉 -2개 이상의 동을 지하주차장으로 연결하는 경우 각각의 동으로 봄	2009. 07.16 개정공포
	제86조	〈채광방향 건축물 인동간격 완화〉 -도시형 생활주택: 0.25배 -기타공동 주택: 0.5배 이상에서 조례로 정하도록 함	

● 도시형 생활주택의 인허가 기준 및 절차

주택법 적용(사업계획승인 대상, 최소 30세대 이상(2010. 4. 13 주택법 시행령 등 국무회의 의결))

주택건설사업자 등록을 요구하며 아래의 3가지 요건을 충족시켜야 한다.

1. 자본금 3억 원(개인 6억 원, 공시지가 기준으로 토지 가능)

2. 건축분야기술자 1인 이상(기술자보유증명서O, 설계업체 X)

3. 사무실 면적 33m² 이상(오피스텔(업무용O, 주거용X), 근린생활시설)

도시형 생활주택의 신축 또는 용도 변경 시 일반 공동 주택의 건설 요건과 동일하게 주택법 제16조에 따라 사업주체가 사업계획 승인을 받아야 한다. 이 경우 사업주체는 법 제9조에 따라 주택건설사업자로 등록하여야 하며, 법 제12조의 시공자 기준을 갖추어야만 건설 가능하다.

다만, 법 제10조에 따라 토지소유자가 주택건설사업자와 공동으로 사업을 시행할 경우 공동사업주체로 보아 도시형 생활주택 건설이 가능하며 용도 변경 시에도 동일한 기준이 적용된다.

건축허가를 받아 건설하는 다가구주택 등 단독주택도 도시형 생활주택의 건설 기준에 따라 건축하더라도 도시형 생활주택에 포함되지 않는다. 왜냐하면, 도시형 생활주택은 건축법의 용도분류상 공동 주택(다세대 주택, 연립 주택, 아파트)에 해당되기 때문이다.

그러나 단독주택인 다가구주택의 용도를 공동 주택(20세대 이상)으로 변경하고, 또한 도시형 생활주택에 적용되는 모든 건설 기준에 적합하여 주택법 제16조의 규정에 의하여 사업계획승인을 받는 경우에는 도시형 생활주택에 해당한다.

상업지역 내에서 주상복합 형태로 도시형 생활주택(20세대 이상)+근린생활시설 +오피스텔(업무시설)의 복합건축을 할 경우 전체 건축물에 대하여 사업계획승인을 받아야 하며, 또한 주택법에 의한 감리가 아닌 건축법 감리를 적용한다.

등록사업자가 법 제12조의 규정에 의하여 주택건설공사를 시공함에 있어서는 당해 건설공사비(총 공사비에서 대지구입비를 제외한 금액)가 자본금과 자본준비금, 이익 준비금을 합한 금액의 10배(개인인 경우에는 자산평가액의 5배)를 초과할 수 없다.

● 등록사업자의 주택건설공사 시공 기준

법 제12조의 규정에 의하여 주택건설공사를 시공하고자 하는 등록사업자는 다음 각 호의 요건을 갖추어야 한다.

1. 자본금 5억 원(개인인 경우에는 자산평가액 10억 원) 이상
2. 건축분야 및 토목분야기술자 3인 이상, 이 경우 동표의 규정에 의한 건축기사 및 토목분야기술자 각 1인이 포함되어야 한다.
3. 최근 5년간의 주택건설실적 100호 또는 100세대 이상

등록사업자가 법 제12조의 규정에 의하여 건설할 수 있는 주택의 규모는 5층(각 층 거실의 바닥면적 300m² 이내마다 1개소 이상의 직통계단을 설치한 경우에는 6층 이하로 한다. 다만, 6층 이상의 아파트를 건설한 실적이 있거나 최근 3년간 300세대 이상의 공동주택을 건설한 실적이 있는 등록사업자는 6층 이상의 주택을 건설할 수 있다.

●
국민주택기금 융자 기준 신설 기금운용계획 변경(2009. 11. 4)

구분		한도
단지형 다세대	분양	전용면적 60m² 이하 → 5,000만 원 전용면적 60~75m² → 5,000만 원 이내 (공공기관)
	임대	전용면적 85m² 이하 → 5,000만 원 이내
원룸		전용면적 m²당 80만 원 최저 560만 원(7m²), 최고 2,400만 원(30m²)

국토해양부 주택기금과에 의하면 1순위 대출의 요건이 국민주택기금을 이용했을 때이다. 신축만 가능하며 리모델링은 해당되지 않는다. 더욱 세부적인 사항은 우리은행을 통해서 사업자 신용평가가 실시될 예정이다.

도시형 생활주택으로 용도 변경 시 절차와 기준

기존 건축물을 도시형 생활주택으로 용도를 변경하고자 할 경우에는 건축법 제19조에 따른 용도 변경 허가(또는 신고)와 함께 주택법 제16조에 따른 사업계획 승인을 득하여야 한다.

기존 건축물을 용도 변경하고자 하는 경우 도시형 생활주택의 신축 시 적용되는 기준과 동일한 기준이 적용된다. 또한 건축법 등 다른 법령에서 정한 기준의 내용에도 적합해야 한다.

다만, 주차장 완화구역에서는(연면적 200m²당 1대로 적용할 수 있는 지역) 기존 건축물을 원룸형 주택으로 용도 변경하고자 할 경우는 바닥층 간 소음과 계단 규정이 3년간에 한하여 적용되지 않는다.

7층 규모의 기존 상가건물 중 일부 층 또는 한 층의 일부를 도시형 생활주택으로 용도 변경 가능한가의 여부는 주택법 제16조에 따른 사업계획승인을 득한 경우 가능하다. 이 경우, 금번 제정된 '도시형 생활주택' 관련 기준과 다른 법령에서 정한 사항에 적합해야 한다.

기존 건축물의 일부 층을 도시형 생활주택으로 용도 변경할 경

●
원룸형으로 용도 변경 시 제외되는 건설기준

구분	일반 공동 주택	도시형 생활주택
층간소음	경량충격 58dB 이하 중량충격 50dB 이하	적용제외
계단 등	계단의 부위별 치수 계단참 폭 · 설치 높이 등	–

우, 주택법령의 적용 여부는 주택으로 용도 변경되는 부분(대지 포함)에 대해서만 '주택법 시행령' 및 '주택건설 기준 등에 관한 규정' 등에 적합하면 된다.

기존 건축물의 전부 또는 일부를 용도 변경할 경우 변경된 도시형 생활주택의 건축물의 용도는 용도 변경 이후에 변경된 건축물은 건축법 시행령 별표1 제2호에서 정한 기준에 따라 다세대 주택, 연립 주택, 아파트 중 하나로서 건축물의 용도가 결정된다.

일반 공동 주택 청약 시 무주택 인정 규모

일반 공동 주택의 청약 시 주택 공급규칙에 따라 청약자격, 청약 우선순위, 청약가점 등을 산정할 때 가장 우선이 되는 자격 기준인 무주택자 인정가능 소규모 주택은 전용면적 20m² 이하로 한정하고 있다. 즉 도시형 생활주택은 전용면적 20m² 이하인 경우 한 채에 한하여 아파트도 포함하여 무주택으로 간주한다.

공동 주택 청약 시 무주택 인정 소형 주택

내 용	비 고
무주택 인정 소형 주택: 20m² 이하의 주택 (단, 2호 또는 2세대 이상 소유 제외)	주택 공급에 관한 규칙 제6조

소득세법에 의한 양도세 중과 1가구 2주택 제외 기준

소득세법에 의한 1가구 2주택 이상자에 대한 양도세 중과 시 주택의 수에 산정하지 않은 소규모 주택의 기준시가와 지역에 따라 일부 달리하고 있으므로 임대주택법에 의한 임대사업자로 등록(2호 이상)하여 임대사업을 하는 경우가 아니라면 분양받는 도시형 생활주택이 양도세 중과 대상에 해당되는지 꼼꼼히 따져보아야 한다. 현행법 그대로 적용하게 되며 면적과 상관이 없으므로 완화법은 기대할 수 없다. 1억 원 이하(수도권), 3억 원 이하(수도권 이외)의 주택에 한해 무주택으로 인정한다.

1가구 2주택 양도세 중과 적용 시 주택 수 산정 제외 주택

내 용	비 고
수도권: 기준시가(국세청고시) 1억 원 이하인 주택 수도권 밖의 지역: 기준시가(국세청고시) 3억 원 이하인 주택	(소득세법 시행령 제167의5) 시행규칙 제82조)

●
임대사업자 자격 및 주택

기 준	비 고
주택 2호 이상이면 임대사업자로 등록해서 임대사업 가능 – 5년 이상 임대사업 후 분양가능, 이때 양도세 중과 제외	(임대주택법 제6조, 제16조) (소득세법 제167조의5 및 제167조의3)

도시형 생활주택의 지구단위계획 수립 대상

서울시 도시계획조례 시행규칙 제4조에 따라 사업부지면적이 5,000m² 이상이거나 150세대 이상인 아파트를 건립하고자 하는 경우(상업지역에서 건축하는 경우 제외)에는 지구단위계획을 수립하도록 하고 있다(2010. 4. 29 공포·시행).

따라서 도시형 생활주택인 원룸형을 다세대 주택이나 연립 주택 유형으로 건축하는 경우에는 건립규모에 관계없이 지구단위계획 수립대상이 아니지만 150세대 이상의 아파트(5층 이상)로 건립할 때는 지구단위계획을 수립하여야 한다.

그러나 지구단위계획 수립은 주택법 제16조에 의한 주택건설사

업 승인 시 의제처리토록 하고 있어 주민공람이니, 도시계획위원회 심의 등의 절차 필요 없이 지구단위계획 내용을 포함한 주택건설사업 승인신청과 사업승인 고시로 지구단위계획 수립을 갈음토록 절차가 간소화 되어 있고, 주택건설사업 승인신청 시 제출하는 지구단위계획 내용의 필수적인 항목과 갖추어야 할 서류도 최소한의 필요사항으로 간소화 하고 있다.

●
도시형 생활주택의 지구단위계획 처리

구 분	내 용	비 고
수립대상	원룸형 아파트 300세대 미만 건립 시	상업지역에서는 제외
지구단위 계획 내용	주택법에 의하여 설치하는 기반시설 건축물의 용도, 건폐율, 용적률 및 높이	최소한으로 한정
처리방법	주택건설사업승인 고시로 지구단위계획 갈음 – 주택건설사업승인신청서에 지구단위계획 내용 포함	
처리흐름	주택건설사업승인서(지구단위계획포함) 작성(사업자) ↓ 관련부서 협의 (구청장) ↓ 사업승인 고시 (구청장)	지구단위계획으로 인한 별도의 절차는 없음

택지개발지구 등 기존의 다른 법령에 따라 지구단위계획 등의 계획 수립이 된 지역에서도 '도시형 생활주택'에 적용되는 각종 규제 완화 사항의 적용이 가능한지 여부는 이미 다른 법령에 따라 계획이 수립된 지역의 경우는 수립된 계획내용대로 적용되어야 하며 금번 개정내용과 상충할 경우 적용이 불가능하다.

예를 들어 지구단위계획에서 단독주택용지로 계획 수립이 되었다면 '도시형 생활주택'은 공동 주택에 한하여 적용되므로 건설될 수 없으며, 공동 주택용지로 계획된 경우라도 층수 3층으로 계획 수립이 되었다면, 단지형 다세대 주택의 경우 5층까지 건설이 가능할 지라도 지구단위계획에서 3층으로 제한됨에 따라 3층까지만 건설할 수 있다.

택지지구 내에서 분양받은 단독주택용지에 도시형 생활주택의 신축 가능 여부에 있어서는 도시형 생활주택은 건축법 시행령 별표 1의 용도별 건축물의 종류에서 공동 주택에 해당하므로 단독주택용지에는 건설할 수 없다.

상업지역 안에서의 공동 주택 용도용적제 적용 기준

서울시 도시계획조례 제55조에 따라 상업지역 안에서 주상복합을 건축하는 경우 건립하는 주택 전체면적 비율에 따라 용적률을 차등 적용하도록 하고 있다. 즉 주택 전체면적이 커질수록 용적률을 줄이라는 내용이다. 다시 말해서 상업용도비율을 높이면 용적률을 더 주어 상업시설이 더 많이 들어오게 하자는 것이다. 따라서 도시형 생활주택도 상업지역에서 주상복합으로 건립하고자 할 때에는 도시형 생활주택의 연면적 비율에 따라 용적률을 차등 적용해야 한다.

●
4대문 안의 상업지역에서 주택 전체면적 대비 건축가능 용적률

주택연면적비율(%)	중심상업지역	일반상업지역	근린상업지역
80 이상 ~ 90 미만	600% 이하	480% 이하	420% 이하
70 이상 ~ 80 미만	650% 이하	510% 이하	450% 이하
60 이상 ~ 70 미만	700% 이하	540% 이하	480% 이하
50 이상 ~ 60 미만	750% 이하	570% 이하	510% 이하
40 이상 ~ 50 미만	800% 이하	600% 이하	540% 이하
30 이상 ~ 40 미만	800% 이하	600% 이하	570% 이하
20 이상 ~ 30 미만	800% 이하	600% 이하	600% 이하
20 미만	800% 이하	600% 이하	600% 이하

●
4대문 밖의 상업지역에서 주택 전체면적 대비 건축가능 용적률

주택연면적비율(%)	중심상업지역	일반상업지역	근린상업지역
60 이상 ~ 70 미만	720% 이하	600% 이하	480% 이하
50 이상 ~ 60 미만	790% 이하	650% 이하	510% 이하
40 이상 ~ 50 미만	860% 이하	700% 이하	540% 이하
30 이상 ~ 40 미만	930% 이하	750% 이하	570% 이하
20 이상 ~ 30 미만	1,000% 이하	800% 이하	600% 이하
20 미만	1,000% 이하	800% 이하	600% 이하

도시형 생활주택에 대한 서울시 조례 개정 내용

주차장 기준 완화

　도시형 생활주택은 일반 공동 주택에 비하여 주차장 설치 기준을 제도적으로 완화하여 소형 주택의 공급활성화를 지원하고 있다. 주차장 면적확보에 관한 주차대수 기준이 도시형 생활주택의 핵심 화두로 인식되면서 주차장법 개정에 관한 관심이 가장 큰 이슈가 되고 있다. 몇 차례의 개정을 통해 최종적으로는 전용면적합계를 기준으로 원룸형이 60m²당 1대(상업 및 준주거지역의 경우, 원룸형: 120m²당 1대)로 확정하였다. 서울시 주차장 설치 및 관리조례 개정의 흐름을 살펴보면 다음과 같다.

서울시 주차장 설치 및 관리조례 개정

시설물	종전	현행(2009.7.30 공포)		개정(2009.8.23 공포/2009. 11. 5확정)
		세대별		면적별

공동
주택
	세대당
	1대
	이상
		도시형
		생활주택
			• 일반지역
			  –원룸형: 세대당 0.5대
				• 일반지역
				  (전용면적 합계 기준)
				  –원룸형: 60m² 당 1대

			• 주차장 완화구역–연면적 200m²당 1대 • 상업 및 준주거 지역의 경우(2009.9.10 공포), 원룸형:120m² 당 1대	
		기타 소형 공공주택 (다가구 포함)	전용면적 30m² 이하: 세대당 0.5대 전용면적 60m² 이하: 세대당 0.8대	좌동

　원룸형 주택은 종전 세대당 1대 이상에서 세대당 0.2~0.5대 범위 내에서 지방자치단체의 조례로 정하도록 하였다. 이후 서울시에서는 지난 7월 30일 '주차장 설치 및 관리조례'를 개정(현행법)하여 원룸형은 세대당 0.5대로 지정하였으며 2009년 8월에 '8 · 23 전세대책'을 발표하면서 주차대수 산정 기준이 세대별 기준에서 전용면적 기준으로 변경(원룸형: 60m²당 1대)되었다.

　주차장 완화구역으로 지정 · 고시한 지역은 연면적 200m²당 1대로 적용하기로 하였다. 아울러 일반 다가구주택과 일반 공동 주택의 경우에도 원룸형과의 형평성 등을 고려하여 기존 세대당 1대 이상에서 전용면적 30m² 이하는 0.5대, 60m² 이하는 0.8대로 변경하고 그 외는 1대 이상으로 하였다.

그러한 과정을 거쳐 최근 전용면적 합계를 기준으로 원룸형이 60m²당 1대를 적용(단지형 다세대의 경우 현행법과 동일)하기로 하였다. 이어 전세대책의 후속조치로 2009년 9월 13일, 도시형 생활주택의 가구당 면적 기준 및 주차대수 산정 기준을 또 완화하여 상업 및 준주거지역에 한해 원룸형은 120m²당 1대로 확정하였다.

그 외, 상업지역과 준주거지역 내 기계식 주차장을 설치할 수 있도록 허용하는 등 관련법이 하루가 다르게 완화되고 있어 도시형 생활주택의 사업성이 점차적으로 향상되고 있다.

준공업지역, 낙후 공장 허물고 아파트 건립가능

서울시는 2009년 10월 14일 그동안 공동 주택건설이 불가능하여 개발이 지지부진했던 지역에 아파트를 건립할 수 있도록 허용한 '준공업지역 종합발전계획'을 발표했다.

단, 해당구역 내 일정부지에는 산업시설을 의무적으로 짓도록 하고, 난개발을 막기 위해 개발 단위는 최소 1만m² 이상으로 제한하기로 하였다.

서울시는 환경이 열악하고 정비가 시급한 구역을 우선으로 선정비 대상 4곳을 지정하였다. 해당 구역은 영등포구 문래동 2가, 구로구 신도림동, 금천구 가산동, 성동구 성수동 2가이다.

또한, 소형 주택의 수요가 많으면서 주차수요가 낮고 대중교통의 이용이 편리한 역세권, 대학가 주변 등 지방자치단체에서 '주차장 완화구역'으로 지정·고시한 지역에서는 원룸형 주택과 기숙사형 주택에 연면적 200㎡당 1대의 주차장 기준을 적용하도록 하였다. 주차장 완화구역에서는 가구당 주차장 설치 기준이 다른 지역에 비하여 크게 낮아진다.

그로 인해 도심대학주변의 역세권 내 160㎡ 안팎의 자투리땅의 활용성이 크게 높아졌다. 그동안은 160㎡ 규모의 대지는 공동 주택을 지을 경우 기존 주차장 조례에 따라 가구당 1대의 주차장을 확보해야해 사실상 사업 자체가 불가능했다.

하지만 지난달 말 도시형 생활주택 관련 조례 개정 및 이번 주차장 기준 완화를 위한 후보지 5곳을 발표하면서 도심 자투리땅에서 공동 주택 건설이 가능해졌다.

천덕꾸러기 신세였던 소규모 땅이 이제는 1·2인을 위한 원룸형 주택 개발이 가능해진 금싸라기 땅으로 바뀌어진 것이다.

주차장 완화구역에서 '도시형 생활주택+근린생활시설+오피스텔(업무시설)'을 건설할 경우 주차장 산정 기준(200㎡당 1대) 적용 기준은 도시형 생활주택에 해당하는 주차장 기준을 적용하여 산정한 대수와 근린생활시설 및 오피스텔에 해당하는 주차장 기준을 적용하여 산정한 대수를 합산한다.

주차장 완화구역 지정방향

주차장 설치 완화구역은 역세권, 대학가, 학원가, 산업단지 주변 등 주차 수요가 낮은 지역을 대상으로 시장이 지정하여 운영할 수 있도록 주택건설 기준 등에 관한 규정에서 위임되어 있다.

다음 지역 중 시장(특별, 광역, 특별자치도 포함), 군수가 지정 · 고시한 지역이다.

① 철도 · 지하철역, 버스 정거장 주변으로 접근성이 양호한 지역
② 학교 주변지역
③ 학원 밀집지역
④ 산업단지 주변지역
⑤ 공장 밀집지역
⑥ 기타 접근성이 양호하여 주차수요가 낮은 지역

주차장 완화구역은 역세권이나 대학가를 중심으로 1 · 2가구 거주비율이 높고 대중교통의 이용이 편리한 지역, 주차수요가 낮은 지역, 공용 주차장 등 주차시설 기반이 양호한 지역, 개발 가능성이 높은 지역 등을 종합적으로 고려하여 자치구별 1 · 2개소 이내에서 시범적으로 지정한다.

서울시의 경우 법령에서 위임된 역세권, 대학가 등 주차장 완화구역의 공간적 지정 기준이 너무 포괄적이고 광범위하게 분포되어

있어(역세권 283개소, 대학가 54개소 등) 현장에서 실효성 있는 정책시행을 위해 법령에서 정한 공간적 기준 이외에 별도의 절차적·물리적 기준 등에 대하여 사전에 25개 자치구의 의견수렴을 거쳐 기준안을 마련하였다.

주차장 설치 완화구역의 과도한 지정은 자칫 주택가 주차문제 확산 등 부작용의 우려가 있기 때문에 자치구별로 우선적으로 꼭 필요한 곳을 대상으로 관할자치구의 신청을 받아 시범적으로 지정할 계획이다.

2009년 8월 26일 원룸형 주택 등 1·2인 세대에 적합한 도시형생활주택 건설을 활성화하기 위해 주차장 완화구역(10세대당 1대의 주차장 확보/일반지역 주차장의 20% 수준에 불과)으로 고려대·한국외대·경희대·성신여대·서일대 등 대학가 역세권 5곳이 선정되었다.

이에 서울시는 "당초 2009년 11월 25개 주차장 완화 후보지를 일괄 발표할 예정이었으나 최근 전·월세가격 상승 등으로 부동산 시장이 불안해지고 있는 점 등을 감안해 5개 지역을 앞당겨 지정했다"고 밝혔다.

서울시는 해당 지역주민 의견수렴과 구 도시계획위원회 자문을 거쳐 구역 지정이 신청되면 서울시 건축위원회 심의를 통해 신속하게 주차장 완화구역을 확정·지정해 민간 건설을 조기 활성화하겠다고 밝혔다.

서울시 25개 구역 중 대학가 주변 주차장 완화구역 8개소

확정 고시여부	위치	면적(m²)	지역 특징
O (2009. 11. 19)	중랑구 면목 3·8동 5-9 일대 (서일대 주변)	29,980	서일대 주변지역으로 학생 등 1·2인 가구 거주비율이 높고 주차수요는 낮 은 지역
-	동대문구 회기동 60-60 일대 (경희대 주변)	25,300	경희대 인접지역으로 1·2인 가구 거 주비율이 높고 주차수요는 낮은 지역
-	동대문구 이문동 264-235 일대 (한국외대 주변)	47,500	한국외대와 경희대 인접지역으로 실제 학생밀집 거주지역으로 1·2인 주거수 요가 매우 높은 지역
O (2009. 12. 09)	성북구 안암동 149-3 일대 (고려대 및 안암역 주변)	146,690	안암역세권과 고려대 인접 지역으로 실제 학생밀집 거주지역으로 1·2인 주거수요가 매우 높은 지역
O (2009. 12. 09)	성북구 보문동 75-6 일대 (보문역 및 성신여대 주변)	50,370	보문역세권으로 인근 접근성이 좋고 1·2인 주거수요가 높으며 주차수요는 낮은 지역
-	중구 묵정동 24-1 일대 (동국대 주변)	33,524	동국대 및 지하철 동대입구역 인접
-	광진구 화양동 31 일대 (세종대 및 건국대 주변)	100,000	세종대와 건국대 인접지역으로 학생, 취업준비생 밀집 2, 7호선 환승역(건대입구), 차량미보유 소유자들이 많을 것으로 예상
-	서대문구 대신동 127 일대 및 194 일대 (연세대 주변)	36,220 87,822	연세대 인접지역으로 1·2인 학생수요 많음 차량미보유 소유자들이 많을 것 으로 예상

※ 구역면적, 구역경계 등은 향후 절차이행 및 위원회 심의 등에 따라 조정될 수 있음
※ 대학가를 중심으로 완화구역 선정 진행중, 대학 밀집지역은 한 자치구에 2~3곳의 완화구역 선정
가능

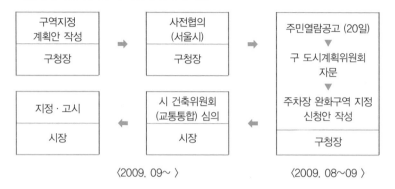

●
서울시 주차장 완화구역 지정의 절차적 기준

| 구역지정
계획안 작성
구청장 | ⇒ | 사전협의
(서울시)
구청장 | ⇒ | 주민열람공고 (20일)
▼
구 도시계획위원회
자문
▼
주차장 완화구역 지정
신청안 작성
구청장 |

| 지정·고시
시장 | ⇐ | 시 건축위원회
(교통통합) 심의
시장 | ⇐ | |

〈2009. 09~ 〉　　　　　　　〈2009. 08~09 〉

선정된 후보지들의 특징은 실제로 학생들이 하숙, 자취 등으로 거주하고 있거나 1·2인 가구 주거수요는 높으면서 상대적으로 주차수요는 낮은 역세권 지역이라는 점. 구역 당 약3만~약14만6천m²규모의 주차장 완화구역5개소 중 3개소를 확정고시(2009. 11. 19, 12. 9)하였다. 그리고 이후 추가로 중구 묵정동, 광진구 화양동, 서대문구 대신동 일대 대학가 지역 3개소를 추가로 지정하였다.

서울시 류훈 주택공급과 과장은 "주차장 설치 기준 완화를 통해 소형 주택 집중공급을 유도하고, 특히 조기공급으로 민간 건설경기 활성화 효과를 거둘 것이며 주차장 완화구역 후보지 선별을 준비 중에 있거나 예정인 자치구도 구역지정 신청을 독려해 도시형 생활주택 공급이 조기에 활성화되도록 추진해나가겠다"고 말했다.

주차장 설치 완화구역이 지정되면 완화구역 이외 지역의 약 30% 수준으로 완화되며 또한 기존건물의 용도 변경 시 구조개선이 어려

●
구역 신청 및 지정 물리적 기준

구분	기　준	비고
공간적 범위	• 역세권: 도시철도 정거장 중심에서 반경 500m 이내 • 대학가: 학교 경계로부터 반경 500m 이내 • 기타 대중교통의 이용이 쉽거나 직주근접이 가능하여 주차수요 　가 낮은지역: 지역특성, 거주환경 등을 고려하여 판단	도보권
용도 지역	• 원칙적으로 2·3종 일반주거지역과 준주거지역 대상 　다만, 건축위원회에서 인정하는 경우 기타지역 가능	
물리적 여건	• 1·2인 가구 거주 비율이 높은 지역을 우선 고려	주거 특성 고려
	• 주차수요가 낮은(세대당 자가용 자동차 등록비율)지역을 우선 　고려 • 공용주차장 등 주차시설 기반이 양호한 지역 우선 고려	
	• 건축물의 경과년수가 높은 지역 우선 고려	개발 가능성 높은 지역
	• 건축물의 접도율이 양호한 지역 우선 고려	
제외 지역	• 재정비촉진지구, 지구단위계획구역, 정비구역(예정구역포함) 등 　은 제외(당해 계획적 개발계획 취지 존중)	

※ 이러한 물리적 검토 기준에 충족된다고 무조건 지정되는 것이 아니라 기본적으로 검토 기준에 부
　합하는 지역 중에서도 우선적으로 꼭 필요한 지역을 선택적으로 지정하는 것임.

운 층간소음 규정과 계단시설 기준의 적용을 배제하므로 보다 집중
적으로 1·2인 가구를 위한 기숙사형·원룸형 주택의 공급이 가능
하다.

　시범구역 지정의 추진일정은 자치구별 우선 필요지역을 주민 의
견수렴 등 합의적 절차를 거쳐 구별 1~2개소를 신청을 받아 시범
구역을 지정할 계획이다.

또한 최근 발표한 대학가 주변 외 나머지 지역에 대해서 서울시는 주차장 완화 시범구역의 지정·운영을 통해 시범구역의 주택 공급 효과, 주차여건 등 개발상황을 모니터링 하여 필요시 추가지정을 검토할 계획이다.

채광방향 건축물 일조권[인동간격] 완화

하나의 대지 안에서 건축물의 인동간격이 종전에는 건축물의 높이 이상으로 이격되도록 되었으나 도시형 생활주택의 제도화를 계기로 하여 대폭 완화되었다.

정부에서는 2009년 7월에 '건축법시행령'을 개정하여 채광을 위한 창문 등이 있는 벽면이 서로 마주보고 있는 경우 건축물 이격거리를 도시형 생활주택은 0.25배, 기타 건축물은 0.5배 이상의 범위 내에서 지방자치단체의 조례로 정하도록 하였다.

현행 기준	채광방향 건축물 높이의 1배 이상(건축 시행령)	
개 정	완화내용	비 고
건축법 시행령 제86조	- 도시형 생활주택: 0.25배 - 기타: 0.5배 이상(조례위임)	개정공포 (2009. 7. 16)
건축조례 제29조	- 단지형 다세대: 0.25배 이상(4m 이상) - 기타: 0.8배 이상	입법예고완료(2009. 5) 시의회 상정(2009. 10)

이에 서울시에서는 단지형 다세대 주택의 경우에는 벽면과 벽면 사이 4m 이상으로서 0.25배 이상으로, 기타 건축물은 0.8배 이상으로 완화하는 내용의 건축 조례 개정(안)을 마련하여 10월 시의회 상정이 확정되었다.

③ 도시형 생활주택
조기 활성화 방안에 관한 연구

　도시형 생활주택이 본격적으로 실행됨에 앞서 주관부서인 국토해양부 주택건설 공급과에서는 사회에 끼칠 영향을 고려하여 국토해양부 주택산업연구원을 통해 조사 및 연구를 진행하기로 하여 착수에 들어간 상태이다. 결과가 도출이 되면 이를 도시형 생활주택의 공급에 적극 도입할 예정이다.

　도시형 생활주택 활성화 방안에 관한 연구내용은,

　첫째로, 도시형 생활주택 입주자 선호도 조사에 있어서는 유사 소형 주택에 대한 사례 및 실태조사, 1 · 2인 가구의 거주 특성(연령별, 계층별, 소득별 등) 파악, 입주대상자인 1 · 2인 가구의 내부평면 · 필요기능 · 건설입지 등에 대한 선호분석, 입주대상자의 적정

임대료 수준 분석과 적정임대료의 산정 기준에 관한 연구가 진행되고 있다.

둘째로는, 도시형 생활주택 건설 기준 및 운영지침 마련이다. 도시형 생활주택 유형별로 차별화된 건축 기준 마련 필요성, 현행 기준 적용 시 완화하거나 강화하여야 하는 건축 기준 및 관리방안 등 신규 기준 마련, 현 주택건설 기준 운영 시 발생할 수 있는 문제점을 분석해, 별도의 주택건설 기준 및 운영 지침 작성에 관한 연구가 진행되고 있다.

셋째는 도시형 생활주택 사업성 분석 시뮬레이션이다. 토지 및 건축비, 설계, 감리, 인·허가 비용, 각종 분담금 등 도시형 생활주택 건설에 소요되는 비용 및 상관관계 분석, 비용 절감 및 사업 여건 개선을 위한 방안 및 대책, 사업성 개선을 위한 법령 개선 및 제도 개선사항 도출이다.

넷째는, 도시형 생활주택 도입에 따른 정책적 효과 분석이다.
수혜대상 및 수요전망, 정부의 도시형 생활주택 연도별 공급계획 기준마련, 도시형 생활주택 도입에 따라 예상되는 정책적 효과 파악, 기존 소형 주택의 문제점과 도시형 생활주택 도입에 따른 문제 해결 비교 분석이다.

다섯째는, 주차장 설치 기준 등 완화된 건설 기준의 적정성 검토 이다.

완화예정인 건축 기준에 대한 적정성 검토(신축, 용도 변경 구분), 기존 건축물을 용도 변경할 경우 인·허가 절차 및 적용 기준과 원활한 용도 변경을 위한 제도개선 사항, 주차장법 및 각 지자체(수도권) 조례로 정한 주차장 기준과 주택건설 기준과의 상관관계 분석 및 적정 주차장 기준이다.

여섯째는, 기금 및 세제지원, 공급방안 등 추가적 공급 확대방안 이다.

도시형 생활주택에 적용 가능한 국민주택기금 지원 단가·상환 프로그램, 건설 및 임대료 상관관계, 취·등록세, 양도세 등 세제 지원을 위한 적정 기준 마련과 이를 실현하기 위한 각종 법령 개정(안), 보금자리 주택 지구에 도시형 생활주택 공급 방안이다.

일곱째는, 도시형 생활주택 사업 조기 활성화 방안이다.

도시형 생활주택의 조기 활성화를 위하여 현재 각종 다른 법령 및 조례(수도권)에서 제한하고 있는 규제와 개선대책이 그것이며 사례로는 지구단위계획 수립, 기계식주차장, 대지안의 공지, 학교용지부담금 등 건설제약 요인 분석 및 대안 도출이 있다.

4부

도시형 생활주택을 위한 통합전략 시스템

① 신개념 1·2인 전용 주택 브랜드, 마이바움 (MAIBAUM)

도시형 생활주택 사업을 성공적으로 진행하려면 전략이 필요하다. 임대주택사업이 저금리 시대의 확실한 투자 대안이 되고 있다. 그러나 모든 임대주택사업이 다 돈이 되는 것은 아니다. 임대사업의 수익성을 높이기 위해서는 건축단계에서부터 공을 들여야 한다.

> "수익형 부동산 최고의 상품은 도시형 생활주택이고, 최고의 차별화 전략은 디자인이다."

2009년 1월에 선보인 마이바움(MAIBAUM)은 수목건축이 만든 신개념 1·2인 전용 주택브랜드이다.

마이바움(MAIBAUM)은 5월을 뜻하는 독일어 '마이(MAI)'와 나무를 뜻하는 '바움(BAUM)'의 합성어로 5월의 나무라는 뜻을 가지고 있으며, '나만의 공간'이라는 의미도 갖는다. 거주자에게 친환경적이고 편안한 삶의 휴식처를 제공하겠다는 수목건축의 의지표현이 담겨있다.

♦ 가치창출 상품 개발

- 맥킨지는 기능·가격·원가 사이의 최적 조합을 찾는 상품 개발과정을 '가치를 창출하는 디자인 (DTV, Design to Value)'라고 부른다. 그리고 이 같은 조합을 찾기 위해 '컨조인트 (Conjoint) 분석기법'을 활용한다. 컨조인트 분석은 소비자들이 특정 제품 브랜드의 기능과 가격 중 어떤 부문에 가장 관심을 갖는지 알아내는 분석기법이다. 소비자들의 정보를 취합해서 이들이 원하는 최적의 조합을 찾아내 이를 제품화할 수 있다면 불황 속에서도 매출을 늘릴 수 있는 기회를 잡을 수 있다.

- 가치창출 상품 개발을 위한 3가지 요건은 다음과 같다.
  - 고객이 원하는 조합을 찾아내라.
  - 비용을 낮추는 디자인을 고안하라.
  - 백지상태에서 상품 개발 다시 시작하라.

성장하는 공간, 진화하는 공간, 마이바움(MAIBAUM)

마이바움은 거주자가 만들어나가는 공간이다. 소규모 공간이 다양한 거주자의 요구 및 사회적 요구에 의해 변이되어 최적의 공간을 생성한다.

최적의 공간의 해답은 바로 '하이브리드 복층구조'이다. 기존의 평면적인 복층구조와는 개념이 완전히 틀린 구조이다.

물리·수학적 개념을 적용시켜 수십 가지의 경우의 수를 창출하고 그중 가장 적합한 복층형 평면 7가지를 마이바움에 적용시키게 된 것이다.

마이바움 디자인 연구소 명선식 교수는 마이바움은 진화 중이며 앞으로도 계속 진화해나갈 것이라고 말한다. 도시공간의 곳곳에 포진된 마이바움은 점차적으로 범위를 확장하여 도시 전체의 네트워크를 형성하게 될 것이다.

1·2인 주거공간의 집중 공급으로 마이바움 주택사업이 1차적으로 본격적인 진행이 되고 난 후에 또 다른 요구들을 반영하여 2차, 3차적으로 더 나은 모습으로 성장해나갈 것이다. 생활의 질과 디자인, 이 두 가지는 언제나 같은 방향으로 흘러간다. 분위기 있는 레스토랑에서 식사를 하는 것처럼 누구나 좋은 환경, 멋진 디자인의 공간에서 자신의 가치를 높이고 싶어 한다. 그러기 위해서는 좋은 디자인으로 사람들에게 멋진 분위기를 전달해줄 수 있는 능력을 지닌 공간이어야 한다.

앞으로의 1인 주거환경은 순수한 주거목적이 아닌 재택근무를 위한 공간, 생활환경의 변화에 따른 공간적 변화가 가장 요구된다.

1. A: 1세대 구성이 상층 및 하층 각 1/2의 복층으로 연결되어있는 구조

2. B1: 1세대의 구성 면적을 두 개(1/4 및 3/4)의 복층으로 연결하여 작은공간(1/4)과 큰 공간(3/4)이 수직적으로 연결되는 구조로 하나의 세대를 구성하는 동시에 두 개의 유닛이 결합하여 하나의 육면체 구조를 탄생시킨다.

3. B2: 프로토타입 B1과 같은 구조로 작은 공간(1/4)과 큰 공간(3/4)이 수직적으로 교차되어 하나의 세대를 구성하는 동시에 두 개의 유닛이 결합하여 하나의 육면체 구조를 탄생시킨다.

4. C1: 1세대의 구성면적을 1/3 및 2/3의 복층으로 연결하는 구조로서 출입문이 넓은 공간에 존재하도록 되어있는 구조이다. 두 개의 세대가 결합하여 하나의 육면체 구조를 탄생시킨다.

5. C2: 1세대의 구성면적을 1/3 및 2/3의 복층으로 연결하는 구조로서 출입문이 상하층의 중간부(계단참)에 존재하도록 되어 있는 구조이다.

6. D: 1세대의 구성이 상층 및 하층 각 1/2의 대각선 방향의 복층으로 엇갈리게 연결되어 있는 구조이다. 즉, 상하층이 엇갈리게 결합되어 하나의 세대를 구성하는 동시에, 이들 2개 구조가 엇갈리게 결합함으로서 하나의 육면체 구조를 탄생시킨다.

7. E: 1세대의 구성이 최상부 두 개층을 복층으로 연결하여 사용하는 구조다.

MAIBAUM DESIGN 사례 1

역삼동 60D

MAIBAUM DESIGN 사례 2

구의동 60A, D, E

MAIBAUM DESIGN 사례 3

연남동 60A

MAIBAUM DESIGN 사례 4

명륜동 60A

MAIBAUM 개발방향

- 다양한 임대수요자에 대한 요구를 충족
- 라이프사이클 변화에 따른 자기만의 공간 필요
- 주거와 업무 및 작업공간의 분리가 가능
- 공간 속에서의 가구의 다변화(모듈을 이용한 계획)

이러한 문제점들을 해결하기 위해 수목건축은 프로토타입(Prototype) 7가지를 연구·개발하였다. 각 타입별로 수요자들의 요구에 탄력적 적용 가능한 공간을 복층형으로 구성하여 문제를 해결하였다.

상품 개발 방향을 통한 MAIBAUM 전략을 살펴보면,

첫 번째로 '트렌드의 변화'를 상품에 접목하는 것이다. 다양한 소비계층의 증가 및 유행에 민감한 소비자들의 욕구가 커지고 있어 입맛에 맞는 주거의 형태 및 상품의 개발이 필요하다. 주거 속에 살고 있는 소비자의 생활패턴과 선호하는 공간들, 기능들을 살린 주거의 형태에 집중하는 계획이 필요하다.

두 번째로 '도심 속의 S라인'을 만들어 자연스럽게 저층과 고층이 조화로운 도시미관을 형성하는 것이다. 초고층이 즐비한 도심 속의 스카이라인을 저층 도시형 생활주택과 초고층이 어우러지는 S라인으로 아름다운 도심을 만들겠다는 취지이다.

고층과 저층이 자연스럽게 어우러진 도심 속의 S라인

세 번째 '다품종 소량생산'을 통해 목적성 고객에 맞춰 공간을 서비스한다.

획일화된 평면과 똑같은 외관에서 벗어난 다양성이 있는 평면으로 공간을 구성하고 디자인의 차별화로 가치를 상승시킨다.

스웨덴의 가구회사 이케아의 매장

네 번째 가능한 '싸고 좋은 집'을 짓는 것이다.

스웨덴 가구회사인 이케아의 마케팅 시스템에서 유사한 전략을 접목한다. 가능한 낮게, 가능한 작게, DIY(Do It Yourself)의 개념을 도입하여 소비자의 구매만족도의 상승뿐만 아니라 디자인의 가치까지 함께 높이는 전략이다

다섯 번째 'General Mix', 'Socail Mix' 등의 다양한 Mix를 통해 주거의 가변성 및 다양성에 대응하는 상품을 구성한다.

예를 들어 덴마크의 주거형태를 살펴보면 40평형의 공간 중에서 각각 20평의 공간에 노부부와 젊은 신혼부부가 거주하다가 시간이 흘러 노부부의 한 명만 남아있고 신혼부부의 자녀 출산으로 공간의 필요성이 달라질 때 10평은 홀로 남은 노인이, 30평은 자녀와 함께 하는 가족이 살 수 있게 된다.

이는 공간의 가변성을 이용하여, 자주 옮기는 형태의 주거가 아니라 제2의 고향으로 30년을 노인과 젊은 층이 어우러져 살 수 있는 사회성을 높이는 주거의 형태가 될 수 있다.

MAIBAUM 상품의 디자인 차별화 전략

●
MAIBAUM 디자인 Concept

마이바움 디자인은 nature, minimal, culture, classic의 4가지 디자인 요소로 구성된다.

차별화된 구성과 공간활용을 극대화한 콤팩트형 설계, 폴딩형 가구 도입, 맞춤형 공간 창출로 한국의 주거문화를 바꾼다. 주택유형은 땅주인이나 투자자들이 개발부지의 크기, 모양에 따라 선택할 수 있도록 다양한 타입으로 구성된다. 수요자의 니즈 분석에 입각한 상품을 수익률에 따라 분류한 최고급형(마이바움 오렌지), 고급형(마이바움 라임), 일반형(마이바움 애플)의 3가지 상품으로 제공한다.

"최고는 마케팅 없는 마케팅이다. 소비자는 좋은 공간을 스스로 찾기 마련이다."

"혁신 디자인이 곧 마케팅이다."

"마케팅 단계에 앞서 굿 디자인이 선행되어야 한다."

수익률 7%의 행복경제, 균형경제를 통해 개발자와 입주자 모두가 만족하는 이른바 '원원주거상품'을 기획하고 있다. 차별화된 디자인은 주변의 임대료보다 안정적인 수익구조를 얻을 수 있을 뿐만 아니라 마케팅 없이도 수월하게 임차인을 확보할 수 있다.

🔸 **욕실전문업체 세비앙이 제안하는 고급 임대주택형 욕실 개발 디자인**

● **앞으로의 1 · 2인 가구를 위한 앞으로의 욕실문화**

-세비앙 류인식 대표-

첫 번째는 거실같은 욕실입니다.
타운하우스나 전원주택의 경우 실제 영화에서 보는 욕실

처럼 될 가능성은 충분하다고 봅니다. 탁 트인 유리벽을
통해 외부와 소통하며, 밝고 통풍이 잘되는 욕실로 습식
공간과 건식공간이 확연이 구분되어 마치 욕실자체가 거
실과 같은 느낌으로 다가올 것입니다. 책을 읽고, 음악
을 들으며, 와인을 한잔 할 수 있는 그런 욕실이죠.

두 번째는 기능집약적 욕실입니다.
이는 평균적으로 욕실이 기존주택에서 최소규모(3m²)인
것을 감안할 때 욕실의 공간활용을 집약적으로 해야 한
다는 것을 의미하게 됩니다. 세면기와 샤워기, 양변기가
통합되는 아이템이 개발된다든가, 욕실의 바닥뿐 아니
라 천정공간까지 활용하게 되는(비행기 화장실과 같은) 기능
집약적 욕실이 등장할 것입니다.

세 번째는 의료센터 같은 첨단 욕실입니다.
싱글족의 증가, 노령화사회에 따른 욕실의 기능변화를
반영할 것입니다. 아직은 일반화 되지 않았지만, 변기의
배설물을 통해 주치의는 고객의 건강상태를 파악하고 정
기적으로 피드백을 해줍니다. 샤워실에 들어서면 열 감
지센서가 인체를 감지하여 최적의 수온을 세팅하여 물을
분사합니다(휴식 후 들어와서 샤워를 할 때와, 과격한 운동을 하고
샤워실로 들어올 때 등등을 감지할 수 있는 것입니다). 욕실에서의
안전을 위해 공간 요소에 장착된 안전손잡이는 즉시 인
체 혈당량을 측정하여 화면으로 표기해 줍니다.
욕실에 들어설 때 이미 인체를 감지하여 몸무게, 인체
열 상태, 혈당 상태 등등을 데이터베이스화하여 주치의
에게 자료를 전송하게 된다든지 하는 첨단욕실입니다.

도시형 생활주택 욕실 제품개발 디자인

● 고급임대주택형 욕실 – 주거형 1

구 분	주 거 형
콘셉트	DRY ZONE + WET ZONE 아파트에서는 부부침실에 많이 적용되는 구조로 작은 평수의 원룸이라고 불림. 신혼부부 등의 사용자들의 요구를 충족시키기 위해서는 옷장과 화장대 공간을 별도로 두어 침실공간과 연계시킨다면 최적의 동선을 제공하게 될 것이다.
공간 개념도	

● 고급임대주택형 욕실 – 주거형 2

구 분	주 거 형
콘셉트	(세면대+세탁기)+욕실 작은 공간의 원룸이지만 성격이 다른 두 개의 욕실공간이 필요할 때가 있다. SOHO사무실. 스튜디오 형식으로 원룸을 사용하고 있다면 오픈되는 욕조로 2개의 욕실공간을 만들어 볼 수 있다.
공간 개념도	

도심 속 스위트 홈 '삼성동 Casa S&D' -유사 사례

> "도심 속에서도 스위트 홈 개념의 따스한 주거공간과 수익형 상
> 품을 만들고 싶었다."
>
> -삼성동 CASA S&D 작품 인터뷰 중에서-

건축 상품을 기획하면서 '단독 주택의 장점과 수익성을 겸한다면 아파트에 대응하는 상품을 만들 수 있지 않을까?'라는 고민을 하게 되었다. 그리고 삼성동 CASA S&D에서 그 가능성을 얻게 되었다. 도심 속 작은 70평의 대지, 투자비(토지비 포함 가정)는 25억 원, 규모는 지하 1층에서 지상 4층으로 구성되었다. 지하 1층과 1·2층은 수익형으로, 3·4층은 주인거주 주택으로 수익은 월 800만 원, 그리고 40여 평의 단독주택 효과를 나타낸다.

도곡동 타워펠리스는 25억 원, 같은 투자비의 삼성동 CASA S&D와 도곡동 타워펠리스 아파트의 비교는 수목 마이바움(MAIBAUM)이 나아가고자 하는 작은 사례를 보여준다. 아파트에서 얻을 수 없는 '나만의 주거공간' 그리고 '수익', 단지형 다세대 주택은 이러한 개념을 도입한 '주거+수익'의 또 다른 상품으로 제시될 것이다.

도심 속 정원이 있는 주거공간 'CASA S&D'

· 유사성공 사례 : 주인세대(3 · 4층+옥탑) + 임대 세대(주거+업무공간)가 함께 거주하면서 월 800만 원의 임대수익을 내는 주택

지하 1층~지상 4층의 외관

옥상을 활용한 하늘정원 & 옥탑방

옥탑방의 툇마루

햇빛이 깊숙이 찾아드는 옥탑방 내부

주인세대 내부거실

옥탑방으로 올라가는 계단

옥탑방에서 내려가는 통로

코너 공간을 활용한 장식장

② 도시형 생활주택 개발 프로세스, 통합전략 시스템

"작은 것은 자유롭고 창조적이고 효과적이며, 편하고 즐겁고 영원하다."

독일의 경제학자 E. F 슈마허는 인간중심의 경제에 대한 해답을 '작은 것'에서 찾고 있다. 인간이 자신의 행복을 위해 스스로 조절하고 통제할 수 있을 정도의 경제 규모를 유지할 때 비로소 쾌적한 자연 환경과 인간의 행복이 공존하는 경제 구조가 확보될 수 있다는 것이다.

더 작은 소유, 더 작은 노동단위에 기초를 둔 중간 기술 구조만이 세계 경제의 진정한 발전을 가져올 수 있으며 이는 곧 '인간의 얼굴을 한 기술을 통한 환경과 인간성의 회복'이다. 최소한으로 최대한의 가치를 창출하고, 인간중심의 창조적인 시스템을 구축하는 것이야말로 작은 것을 더욱 큰 존재로 만드는 역할을 하는 방법론이다.

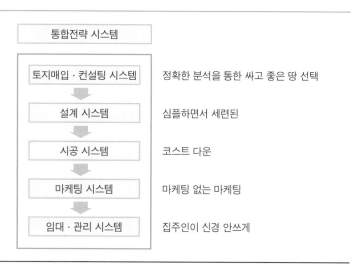

● 도시형 생활주택 개발 프로세스

통합전략 시스템	
토지매입 · 컨설팅 시스템	정확한 분석을 통한 싸고 좋은 땅 선택
설계 시스템	심플하면서 세련된
시공 시스템	코스트 다운
마케팅 시스템	마케팅 없는 마케팅
임대 · 관리 시스템	집주인이 신경 안쓰게

수목건축이 자체 개발한 통합전략 시스템은 바로 이러한 방법론을 도입하여 개발되었다. 이 프로세스는 '토지매입 · 컨설팅 시스템→설계시스템→시공시스템→마케팅시스템→임대 · 관리 시스템'의 5단계 과정으로 이루어져 있다. 각각의 단계는 정확한 분석을 통한 '싸고 좋은 땅 선택, 심플하면서 세련된, 코스트다운, 마케팅 없는 마케팅, 집주인이 신경 안 쓰게'라는 단계별 목적에 따라 고유의 전략을 구사하고 있다.

전반적인 프로세스는 개발여건의 분석을 시작으로 경쟁시설 및 주요 마켓분석에 들어가는 일련의 사업여건분석에 들어간다. 이는 개발 콘셉트를 위한 시사점을 도출하게 되는 시점이며 기본계획에 착수하게 되는 비즈니스 플랜 단계라고 볼 수 있다. 토지이용계획과 시설배치계획으로 이루어지는 기본계획은 투자의 규모를 추정하고 개발기본구상에 들어가게 되는 피드백의 과정을 거치게 된다. 이후 경제적·재무적 측면에서 투자수익성을 도출하여 관리운영계획의 가이드라인을 마련한 다음 사업 계획을 실행하게 된다.

토지매입 컨설팅 시스템

어떤 땅을 사야하나? 우선 사업대상지를 검토하고 정확한 타깃을 설정한 다음 유형별 상품에 대한 결정을 내려야한다.

땅의 크기는? 주차장법과 상품을 고려한 토지인가를 확인한다.

토지매입가는? 임대료와의 관계조사 후 결정사항으로서 '수목지수'라는 토지가 지수를 적용한다.

● 도시형 생활주택 사업비 구성

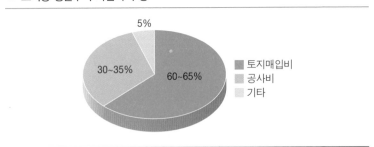

수목지수(토지가 지수)=임대가/평 × 1.5～1.8배(2종 일반주거지역 기준)

  토지매입 컨설팅은 수목건축에서 진행하고 있는 프로젝트의 사
례를 통하여 분석해보기로 한다.

컨설팅 사례〉신축(서울시 중구 ○○동 프로젝트)

● MAIBAUM ○○ PROJECT 〈건축계획〉
  ● 소재지: 서울시 중구 ○○동 000-0
  ● 면적: 약 3,000㎡
  ● 지역: 제2종 일반주거지역
  ● 주변현황: 2·5호선 ○○○역과 도보 ○분

● ○○동 마이바움의 외관(최종 계획안)

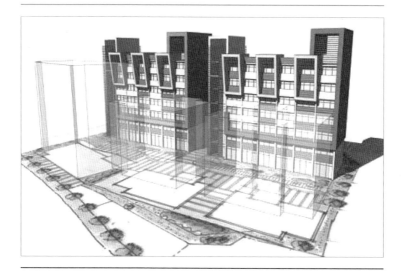

● MAIBAUM ○○ PROJECT 〈주변환경 조사1〉

● 도심지역 주변환경 특성

- 사업지 주변은 2 · 5호선 ○○○역 및 1호선 ○○역과 도보 ○분 거리에 위치해 있음.
- 서측 도로와의 레벨차이는 약 4.5m이며 8m 도로변 1m 수준의 레벨차 존재.

● MAIBAUM ○○ PROJECT 〈주변환경 조사2〉

● 도심지역 주택시장 특성

- 도심권역: 업무 및 상업시설과 연계되는 주상복합(오피스텔) 공급지역
- ○○권역: 도심권역과 달리 업무기능과 인접한 주거밀집지역 특성을 보유
- 당 사업지의 경우 도심주택시장의 확장권역 분류하여 분석

● MAIBAUM ○○ PROJECT 〈개발계획〉

● 상품구성

Step. 1	시장환경분석	• 1·2인 가구, SOHO족, 통근직장인을 위한 소형 주택 필요성 대두 • 주변 최근 거래된 시설별 평당 매매가격 고려
Step. 2	상품유형 분류	• 공동주택 －수요자 NEEDS를 반영한 다양한 평형제공 －복층형 등 다목적 신개념 공간 제공 －지상층(1~7층)에 설치 • 1안 －원룸형+단지형 다세대 －평형 다양화 추구 대안 • 2안 －원룸형+단지형 다세대 －전용 20㎡ 이하 상품 집중공급(무주택자 인정)
Step. 3	공급 기준평형 설정	• 지역 내 타 소형 주택 대비 고급형 상품 추구 • 공동주택 전용면적 기준 8~18평 • 공급면적 기준 12~27평
Step. 4	수익성 확보방안	• 건축법 허용 내 가능한 최대세대 검토

● SWOT 분석

도심 접근성 우수 및 2개 역세권 보유
입지
▶ 2 · 5호선 충정로역 및 서울역과 인접
※ 도심 업무기능과 주거기능의 결절
  지점
▶ 단지형 복합 상품 도입 타당성 확보
※ 서울역 및 시청 등 도심 업무권역
  및 신촌 등 대학가 권역과 근거리
  에 있어 임대수요 풍부

Strength

· 다양한 도시기능의 혼재 및 체계적
  정비 미흡
· 사업부지 내 레벨차이(약 2m 이상)
▶ 레벨차이를 이용한 기획설게 필요
  (DECK 등)

Weakness

Opportunity

※ 중구는 연 1~2만 가구의 주택 공
  급이 가능한 주택 과수요 집중지역
  임.
※ 과수요 집중지역의 1 · 2인 가구 증
  가율은 15%
※ ○○복지시설(2009년 12월 완공),
  의료복지시설 등 재개발 관련 호재
  로 주거환경개선 잠재력 보유
※ 정부정책에 따른 기회요인(2009
  8 · 23 서민전세대책)

Threat

※ 시공 시 민원발생

MAIBAUM ○○ PROJECT 〈개발계획〉

대안1. 원룸형(30m²)+단지형 다세대

SITE PLAN

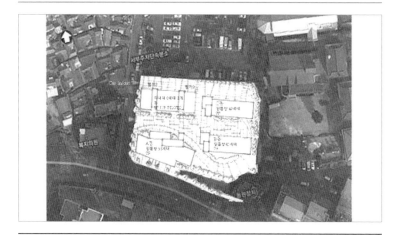

지하층

1층

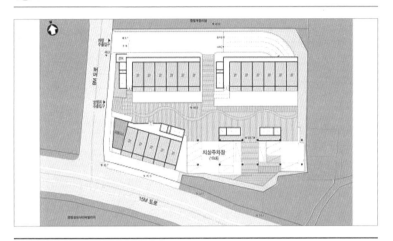

기준층

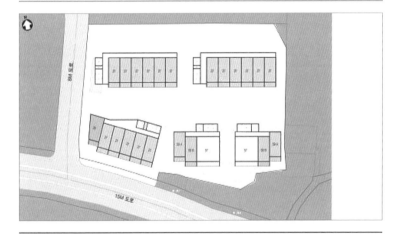

MAIBAUM ○○ PROJECT 〈개발계획〉

 대안2. 원룸형(19㎡, 30㎡)+단지형 다세대

SITE PLAN

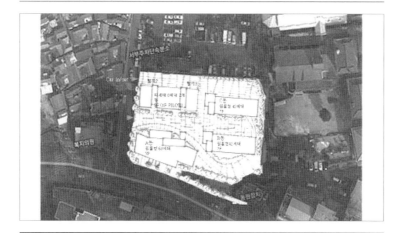

지하층

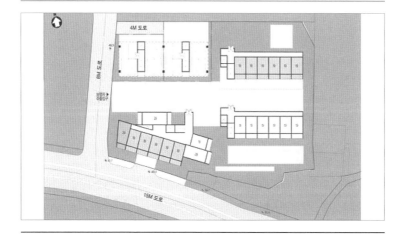

지상층

기준층

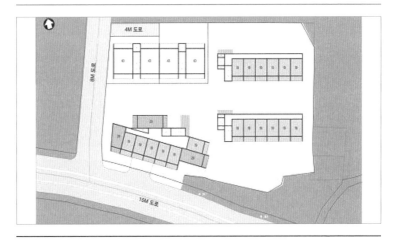

● MAIBAUM ○○ PROJECT 〈외관 디자인〉

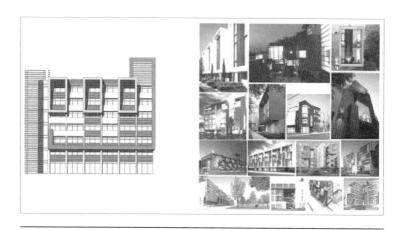

Development Premise

1 최대 용적률 확보

2 적정 세대수 (원룸형 9 : 복층형 1) 배분

3 편리한 유닛 구성

4 대지조건 고려

5 차별화된 디자인

▶ 도시형 생활주택단지의 모범사례로 개발

미니아파트 해외사례
영국건축가 Piercy Conner
공간활용 100%의 미니아파트로 불필요한 공간 Zero화 (32㎡)

Design Concept

UrbanMatrix itHOUSE

Type Matrix　Façade Matrix　Design Matrix
다양한 세대가 모듈화되어 집합체를 이루고
집합체들은 통일되거나 미세하게 다른 입면들을 만들며,
하나의 통합된 이미지를 연출하는 미니하우스 단지

Single & Couple's

itHouse + itCourt

살고 싶은 미니하우스　　　살고 싶은 경원

Officetel보다 안락한 환경　Residense보다 세련된 외부정원

Design Concept

Concept Image 1 **Modern**

모던한 기조를 바탕으로 한 통일성 있는 이미지

모던한 기조를 바탕으로 하여 기존의 아파트와 다세대의 이미지를 탈피, 도심의 주거같지 않은 주거를 연출

Concept Image 2 Variety

모던한 기조를 바탕으로 한 통일성 있는 이미지

모듈화된 입면은 다양하게 점진적으로 변화하여 모듈이 주는 한계성을 탈피

Concept Image 3 Green Court

모던한 기조를 바탕으로 한 통일성 있는 이미지

주거를 더욱 풍요롭게 만드는 단지의 안마당과 옥상정원

사업의 성공전략

| **Strategy 1** | 전세대 남향배치로 분양성 극대화 |

| **Strategy 2** | 유닛 특화 및 부대시설 |
임대수익을 실현할 수 있는 다양한 복층형 유닛구성과 부대시설계획

| **Strategy 3** | 지하공사 최소화 |
대지 경사차를 이용한 주차장 계획으로 공사비 절감

| **Strategy 4** | 근린생활시설 계획으로 보너스 수익성 확보 |
대지 경사차를 이용하여 도로변에 근린생활시설 계획

| **Strategy 5** | 심플하면서도 모던한 디자인 |

Unit Type – 원룸형(대안1)

Soho 27㎡(8.38평) : 4.0m x 3.9m의 넓은 룸 계획, Wet Zone과 dry Zone 분리로 쾌적한 유닛구성
125 Units

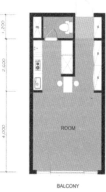

New-Couple 59㎡ (17.93평) : 신혼부부를 위한 복층형 유닛계획. 다목적의 멀티룸 제공
4 Units

1st Floor

2nd Floor

Multi-room 59㎡ (17.87평) : 주인이 2명에게 임대할 수 있는 1unit 3가구 수익형 모델
4 Units

1st Floor

2nd Floor

Soho19A 19.96㎡(6.03평)
63 Units

Wet Zone과 주방을 완전히 분리하여 아늑한 공간 구성

Soho19B 19.89㎡(6.03평)
63 Units

Wet Zone을 분리하고 최대한 넓은 다목적 공간 구성

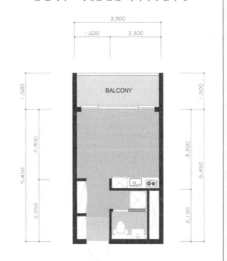

Family House 57㎡ (17.49평) : 2 bay를 넓게 사용하도록 계획한 가족형 모델
8 Units

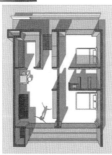

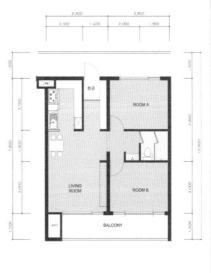

● MAIBAUM ○○ PROJECT 〈사업성 분석 및 결론〉

대안1. 원룸형(30m²)+단지형 다세대

●
사업성 검토 – 공사비 3,800천 원/평(MAIBAUM LIME 형)

구분			면적 (평)	평당금액 (천 원/평)	금액 (천 원)	비고
매출	아파트	15,000천 원/평	2031.78	15,000	30,476,754	VAT 제외
	근린생활	20,000천 원/평	79.93	20,000	1,598,622	
	VAT				50,995	
	소계		2,089.33	–	32,024,381	
원가	대지비			–	13,000,000	
	철거비		996.10	50	49,805	
	직접 공사비	공사비	2,152.00	3,800	8,177,761	도급기준
		설계/감리비	2,152.00	150	963,294	
	간접비	인허가, 분양 대행등기비, 사업비 외	–	–	1,490,865	
	제세 공과금		–	–	242,786	공사비+설계 감리비의 32%
	소계				23,924,512	
매출이익			–	–	8,099,869	
경상이익(수익률)			–	7,856,285(24.53%)		매출이익 (일반관리비+금융 비용)

● MAIBAUM ○○ PROJECT 〈사업성 분석 및 결론〉

대안2. 원룸형(19m²,30m²)+단지형 다세대

● 사업성 검토 − 공사비 3,800천 원/평(MAIBAUM LIME 형)

구분			면적 (평)	평당금액 (천원/평)	금액 (천원)	비고
매 출	아파트	15,000천 원/평	1926.60	15,000	28,898,748	VAT 제외
	근린생활	20,000천 원/평	115.70	20,000	2,314,972	
	VAT				210,452	
	소계		2,089,33	−	31,213,720	
원 가	대지비			−	13,000,000	
	철거비		996.10	50	49,805	
	직접 공사비	공사비	1,986.8	3,870	10,059,764	도급기준
		설계/감리비	1,986.8	150	1,010,009	
	간접비	인허가 · 분양 대행등기비 · 사업비 외	−	−	1,561,202	
	제세 공과금		−	−	224,907	공사비+설계 감리비의 32%
	소계				23,303,799	
매출이익			−	−	7,699,469	
경상이익(수익률)			−	7,579,469(24.45%)		매출이익 (일반관리비+금융 비용)

● MAIBAUM ○○ PROJECT 〈사업성 분석 및 결론〉

●
개발대안의 평가

정량적 평가

구분	1. 원룸형(30㎡ 미만)+단지형 다세대	1. 원룸형(19㎡, 30㎡ 미만)+단지형 다세대
분석 내용	• 총 공급 세대수 : 131세대 • 아파트 공급 면적 : 2,031.78평 • 아파트 매출금액 : 30,476,754천 원 • 근린생활시설 공급면적 : 79.93평 • 근린생활 매출금액 : 1,598,622천 원	• 총 공급 세대수 : 149세대 • 아파트 공급 면적 : 1,926.60평 • 아파트 매출금액 : 28,898,748천 원 • 근린생활시설 공급면적 : 115.70평 • 근린생활 매출금액 : 2,314,972천 원
	24.53%	24.45%
	2안의 경우 세대수의 증가 (131▶149)가 있으나 수익적 측면에서 1안과 2안의 사업가치의 차이는 큰 차이가 없는 것으로 분석됨	

정성적 평가

• 전용면적 20㎡ 이하 중심의 개발안의 경우 다주택자 면제 등 혜택이 있으며 사업
지 주변은 최근 전세난으로 인해 1·2인 세대 소형 평형 수요가 있는 지역임을 고
려할 때 분양성 역시 비교적 우수한 것으로 판단됨.
• 평형의 다양화가 반영된 상품구성 요망.

수익률 분석

도시형 생활주택 사업에서 가장 많은 비용을 차지하는 부분은 일
단 토지매입비이다. 수목건축에서는 도시형 생활주택으로 계획하
고 있는 수십가지의 프로젝트를 분석한 결과, 토지를 매입해서 건
설임대사업을 하는 경우 수익률은 원룸형 연 7~10% 정도인 것으

로 조사되었다.

수익률 분석은 공급활성화를 위해 절대적으로 분석되어야 할 통계이며 수익률에 결정적으로 영향을 미치는 요소는 주차대수 산정기준이다. 이 기준에 따라 임대수익률이 어떻게 증가되는가를 실제 사례를 통해 분석해 본 결과 도시형 생활주택이 건축법 적용(19세대 이하)다가구, 다세대 주택보다 수익률이 훨씬 큰 것으로 나타났다.

●
도시형 생활주택 수익률 분석

※분석 대상지 : 마포구 서교동

연수익률

연 10.06%

연 4.97%

8가구

24가구

다세대 주택
(건축법 적용)

원룸형 주택
(도시형 생활주택)

건축개요

구분	내용
대지면적	232.1m² (70.21평)
지역/지구	제2종 일반주거지역
주차 대수	8대

설계 시스템

차별화 전략은 바로 좋은 디자인으로 승부하는 것이다. 누구를 위한 공간인가? 어떤 가치가 있는 공간인가?

공간의 효율성을 따진 최적의 크기와 소비자의 다양한 욕구를 반영한 맞춤형 설계, 안전, 건강, 편의, 풍요를 누릴 수 있는 삶의 질을 향상시켜줄 수 있는 방안을 제시하는 것이 중요하다.

이노디자인의 김영세 대표는 "기술이 소비자의 감성을 사로잡으려면 엔지니어는 디자이너의 감성을 배우고, 디자이너는 엔지니어의 머리를 배워야 한다"고 말했다. 제품이 설계될 때부터 관여하게 되는 디자인이 광고 전략과 영업 전략까지 미리 세울 수 있는 가장 좋은 수단이라고 본 것이다.

'기술+디자인+마케팅'의 토털 컨설팅 시대, 디자인은 곧 상품의 차별화로 이어져 수익구도를 형성하는 핵심적인 부분이라 할 수 있다.

일본 오사카에는 신개념의 설계 진행방식과 새로운 설계요소를 도입한 주택이 있다. 바로 'NEXT21'이다. 새로운 설계요소란 '환경공생주택', '환경보전적 설계', '에너지 절약 시스템', '라이프스타일 대응형 공간 계획', 'Support & Infill 건물 시스템' 등의 슬로건을 채택하여 계획된 특성을 말한다. 건축주가 오사카 가스(Osaka Gas)라는 점은 설계의 기본 슬로건이 환경과 에너지에 맞춘 이유를 쉽게 이해할 수 있을 것이다.

　18가지 라이프스타일에 기초를 둔 주호를 건설하여 일반 공개를 거쳐 오사카 가스의 사원이 실제로 거주하면서 얻은 데이터를 바탕으로 본 주택의 내용을 검토하게 된다. 이 집합 주택의 설계에는 많은 건축가들이 참여하여 우선 주동 설계자가 구체적인 설계를 완료한 후에 여러 명의 주호 설계자가 각각의 테마에 따라 설계를 행하는 2단계 공급방식을 채택하였다. 여기에는 많은 실험적 시도가 넘치는 프로젝트의 모든 내용이 NEXT21에 담겨져 있다.

1992년에 설계하여 1993년에 완공된 실험 주택으로서 앞서 언급한 3가지 테마로 추진된 '21세기 근미래형 주택'이다. 주택에 관한 거주자의 요구수준이 더욱 높아지고 있다. 거주자의 사적인 요구와 환경이라는 인류의 공통적 요구를 동시에 만족시킬 수 있는 대안을 마련한 것이다.

NEXT21은 넓고 심오한 자연에 못지않은, 생물이 살아 숨 쉬는 살아 있는 자연녹지를 주거공간과 일체화시킨 실험의 장이다.

● 오사카 NEXT21의 외관

● 넥스트21의 아이디어 스케치

"누구도 생각하지 못한
집을 만들고 싶다."

자연과 인간이 공존하는 집,
오사카의 NEXT21

● Flower Tower [프랑스]

(2004, Paris, France)

● 아크로스 후쿠오카 [일본]

후쿠오카의 명물이자 대표적 친환경 건축물

　자연과 가까이 하려는 인간의 욕구는 본능적이라 해석된다. 우주
와 자연과 인간은 서로 밀접한 관계가 있기 때문이다. 생활공간 속
에 자연을 끌어들이고자 하는 방법론은 옥상정원 설치, 아파트 1층
공간의 텃밭활용 등 다양하게 시도되고 있다. 이제 '그린 스타일'
아파트도 주택의 화두가 된지 오래다. 계단식 수직정원이 꾸며져

있는 일본 후쿠오카 도심의 아크로스 후쿠오카 빌딩은 친환경 건물을 대표하는 빌딩으로서 지역의 명물이 되었다.

시공 시스템

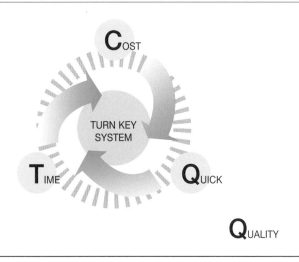

시공 시스템은 한마디로 코스트다운 전략이다.

몇 개 프로젝트를 묶어서 진행, 매뉴얼화를 통한 공기단축, 맞춤형 시공, 특히 설계와 시공을 함께하는 턴키 시스템을 도입하는 것이 바로 비용을 절감할 수 있는 방법이다.

수목 마이바움(MAIBAUM)의 경우 연면적 660m²(200평) 기준 일반적으로 평당 건축비가 최고급은 420만 원(MAIBAUM ORANGE),

고급은 400만 원(MAIBAUM LIME), 일반은 380만 원(MAIBAUM APPLE)으로 책정하여 3가지 상품을 턴키 시스템을 도입한 토털서비스로 제공하고 있다.

도시형 생활주택은 월세상품이기 때문에 풀옵션은 필수이다. 공사비는 풀옵션을 제외하고 있으며 풀옵션의 범위는 TV, 세탁기, 냉장고, 책장, 폴더형 식탁 등이다.

마케팅 전략 시스템

"소비자의 영혼에 호소하라."

현대 마케팅의 아버지로 불리는 필립 코틀러 교수는 마케팅 전략에 대해 한 마디로 정의하고 있다. 이는 그가 설정한 마케팅 3.0의 내용이며 마케팅 1.0(소비자의 생각에 호소)과 마케팅 2.0(소비자의 감성을 자극)보다 상위 개념이다.

소비자의 영혼에 호소하는 것, 그것은 바로 '문화마케팅'이라고 생각한다.

도시형 생활주택의 마케팅 방법은 '임대, 임대 후 분양, 분양'의 3가지로 분류해 볼 수 있다. 일반적으로 임대는 수익률 6~12%, 임대 후 분양은 수익률 6~12% +∝, 분양은 시장 흐름에 따라 판단해야 할 기준이다.

"20세기가 '대량 생산'과 '물적 자본 축적'의 시대였다면 21세기
는 '브랜드'와 '문화', '정신적 가치'가 보다 중요시되는 시대가
될 것으로 보입니다."

–서용구 교수의 《브랜드 아우라의 비밀》 중에서–

브랜드 아우라, 아우라는 본래 사람이나 사물에서 발산하는 기운
또는 영성을 뜻하는 말이다. 유일한 원본에서만 나타나는 것이므
로 사진이나 영화와 같이 복제된 작품에서는 아우라가 발생될 수
없다. '아우라가 있는 브랜드' 소위 '아우라 브랜드'는 다음의 3가
지를 만족시키는 브랜드로 정의내릴 수 있다.

첫째는 기간이다.

아우라를 발생시키는 데는 최소한 한 세대 즉 30년이라는 물리적
시간이 필요하다. 일반적으로 아이덴티티를 만들고 이미지를 차별
화하는데 최소 10년이 걸린다. 그리고 브랜드 감성화 작업이 최소
10년 이상 필요하다. 따라서 아우라 브랜드의 첫 번째 필요조건은
차별화와 감성화 작업이 성공적으로 달성된 30년 이상의 장수브랜
드가 되는 것이다.

둘째는 한 지역 또는 특정 국가의 국경을 뛰어넘는 글로벌성이다.

글로벌성이란 문화적 차이를 극복한 보편성을 확보했다는 사실
을 말해준다. 특정지역이나 국가에서만 사랑받고 판매되는 브랜드
는 아우라급 브랜드가 될 수 없다.

셋째는 오리지널리티를 가진 세계 최고의 장인정신과 마니아 소

비문화가 어우러진 브랜드여야 한다.

이는 해당 산업 역사책에 기록될만한 수준의 오리지널리티를 가지고 세계최고를 지향하는 장인정신과 마니아 소비문화가 어우러진 브랜드로서 오감 충족 면에서도 그 분야의 최고수임을 보여줄 수 있어야 한다. 이 같은 브랜드 진정성이 역사와 보편성을 확대해

갈 때 아우라는 자연히 발생하게 된다.

아우라를 갖고 있는 브랜드는 브랜드 제품을 사용하는 소비자에게 그 아우라가 전이되기 때문에 소비자의 사랑은 더욱 각별하다. 예를 들어 람보르기니가 지나간다면 거리의 행인들은 람보르기니에 시선을 사로잡히고 람보르기니를 운전하는 드라이버에게도 같은 아우라를 느끼게 된다. 아우라 브랜드들은 소비자와 보다 복합적이고 다차원적인 관계를 가지고 있다. 아우라 브랜드에 열광하는 소비자는 브랜드에 대한 사랑 이상의 열성적, 심지어 영적인 몰입을 보인다. 마치 영성체가 있는 것처럼 브랜드에 열광하는 것이다.

임대관리 시스템

앞으로의 주택시장은 주택 개념이 하드웨어뿐만 아니라 소프트웨어도 굉장히 중요한 역할을 하게 될 것이다. 어떤 운영관리 시스템을 도입하느냐에 따라서 주택상품의 성패가 좌우될 것이다.

즉 임대관리 시스템이 매우 중요하다. 관리 시스템을 살펴보면 로컬센터를 통해 각 지역마다 관리 시스템, 네트워크 시스템, 생활서비스 및 운영 시스템을 적용할 수 있다. 로컬센터의 구성 및 역할에 대해 살펴보자.

관리센터의 센터장은 업무총괄(상주)을 하며, 입주자, 퇴실자 관리 및 상담 안내를 한다. 또한 CS관리 총괄을 하며 입주자 만족도

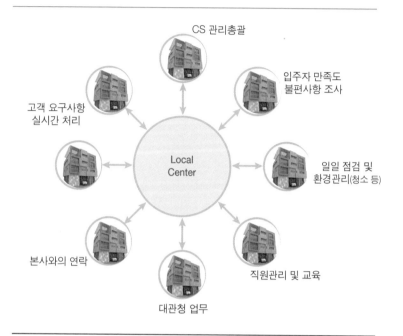

CS 관리총괄

입주자 만족도
불편사항 조사

고객 요구사항
실시간 처리

Local
Center

일일 점검 및
환경관리(청소 등)

본사와의 연락

직원관리 및 교육

대관청 업무

와 불편사항을 조사하여 관리하고 직원관리 및 교육, 대관청 업무 및 본사와의 연락을 담당한다. 시설 관리원은 시설 및 입주자 관리 (순회, 출동)를 주로 하며, 임차료, 관리비 수금관리, 입주자 요구사항 처리, 시설유지·관리 및 안전·보안 등을 한다.

환경미화원은 환경·미화관리(순회)를 하여 건물 내외부 청소, 위생 및 방역업무를 한다. 한편 콜센터는 전화접수 및 상담업무를 주로 하는데, 입주 및 퇴실관련 상담을 비롯하여 시설교체 및 수리요구, 야간 고객 요구사항, 기타 고객 불편사항을 접수 및 상담

한다.

● 서비스드 레지던스의 생활지원 서비스 개념도입 필요

서비스드 레지던스는 외국인의 왕래가 잦은 도시에서 발달한 것으로 장기 투숙객을 위해 주거공간을 임대해주면서 입주자들에게 생활에 필요한 각종 서비스를 호텔수준으로 제공해주는 '호텔식 임대주거 시스템'을 의미한다.

아파트와 근생시설상가, 오피스의 업무 및 주거시설의 총체적 기능이 결합된 시설을 말하며 호텔식 서비스를 제공하면서도 이용자의 편의에 따라 셀프 서비스 방식의 주거·취사 등이 가능하며, 업무용 공간으로 제공되는 부수적인 시설을 함께 이용할 수 있는 다목적 형태의 다용도 사업장을 의미한다.

운영방식은 직영 혹은 위탁의 2가지 방식이 있다. 일부는 다국적 기업의 체인점 형식으로 운영을 하고 있으며, 동일한 위탁운영회사에서 시설관리를 담당하고 있는 나머지 국내기업의 서비스드 레지던스는 시설의 규모나 수준의 차이로 임대료, 서비스, 공용시설 등이 다른 것으로 파악된다.

실수는 144~213실로 대체로 200실 내외의 규모로 파악되며, 작게는 17m²에서부터 넓게는 186m²에 이르는 객실 임대료는 하루부터 월 단위 임대까지 일/월 임대료로 책정되어 있으며, 실 규모에

전문관리 시스템

입주 전 단계	미입주 관리/입주자 상담, 안내 및 계약갱신/전기, 수도, 가스
입주 시	키 불출/전기, 수도, 가스/입주실 청소/입주실 옵션 정리/소화기 지급
이용단계	실내청소/소모성 비품 교체/인터넷 사용 AS 등/소독
퇴실단계	실내체크/전기, 수도, 가스/퇴실청소
공용부분	공용부 청소/난방, 급탕 시설청소/공용부 소모품 관리/경비 · 보안/안내판관리

따라 1일 8만 5,000원~60만 원, 한 달 단위로는 195~1,600만 원으로 임대기간에 따라 차등화되어 적용된다.

 '서비스드 레지던스'만이 가지고 있는 특수성은 초기에 일반 오피스텔 기능과 별다른 차이가 없이 받아들여졌으나, 현재는 오피스텔과 차별화된 주거시설로서 자리매김하고 있다. 주5일근무제, 관광에 대한 다양한 욕구, 기러기아빠 출현, 파티문화 등이 확산되면서 다양한 목적을 가진 국내 이용객들의 단 · 장기 투숙이 급증하고 있으며, 호텔에서 제공받는 서비스에 취사와 세탁까지 겸할 수 있는 서비스드 레지던스가 주거문화의 한 형태로 주목받고 있다.

 이들이 제공하는 서비스는 조식, 청소 및 관리, 인터넷 네트워크, 케이블TV, 주차, 24시간 프론트 및 보안 서비스, 모닝콜, 세탁 및 드라이클리닝, 항공사 및 렌터카, 택배 등 각종 예약대행, 부재중 메모, 비즈니스 지원, 우편물 보관, 통역 및 관광안내, CCTV에 의한 중앙관제 시스템, 정기 소독 서비스 등을 보편적으로 제공하고 있으며, 입지와 주 이용자 특성에 따라 자녀들의 등하교를 위한 셔틀버스, 쇼핑 셔틀버스 운행 서비스, 가족여행 서비스 등 특화 서비스를 제공한다.

객실은 스튜디오로부터 1 · 2 · 3 · 4 침실, 팬트 하우스까지 다양한 규모와 형태로 구성되어 있으며, 각 시설별로 전체 원룸 형태에서 침대를 더블형이랑 트윈형으로 두거나 방의 개수를 1~3개까지 두는 경우 등 서비스드 레지던스의 위치와 대상고객층, 임대료에 따라 차이를 두어 설치되고 있는 것으로 나타난다.

객실과 공용시설 외에 상가시설을 설치한 주상복합형태의 건물은 저층부분에 레스토랑, 커피숍 등을 따로 배치하여 내외부인이 레지던스 건물의 지하 1층에서 지상 2층 정도의 공간을 함께 사용할 수 있도록 하는 대신 주거시설 내로 들어가는 출입구에 전자 도어락을 설치하는 등 주거기설과 상가시설의 출입동선을 분리하여 이용객의 보안을 확보하고 있다.

부대시설의 경우, 휘트니스 클럽, 비즈니스 센터, 스파, 수영장, 레스토랑, 카페, 골프연습장, 어린이 놀이터, 옥상정원, 산책로 등의 부대시설이 겸비되어 있어 거주자가 여가를 즐길 수 있는 환경을 제공하고 있다.

● 선호 주거 서비스 조사결과

수목건축에서 최근 20대 초반에서 30대 후반까지의 1인 가구 남녀 154명을 대상으로 선호 주거 서비스에 대한 설문조사를 실시한 결과를 소개하면 다음과 같다.

설문대상자의 기본적 사항

- 응답자 남(74명), 여(80명)
- 20대 중후반과 30대 초반이 주를 이루었음
- 도심지역의 일반 아파트에 주로 거주
- 거주공간 내에서의 여가 활동은 취침 〉TV시청
- 주 이용공간은 침실 〉거실

주택에서 제공 가능한 서비스 항목을 모두 나열한 후 중복선택하게 하는 방식을 통해 본 설문의 결과를 도출하였다.

전체적으로 편리성(55.2%)〉쾌적성(23.4%)〉안전성(15.6%)〉정보성(3.2%)〉사회성(2.6%)의 순이었고, 세부지원에 있어서는 여가(97%)〉통신(80%)〉보안(79%)〉웰빙(67%)〉교통(46.5%)의 순으로 나타났다.

편리성에 있어서는 셔틀버스 운행(58.9%)〉24시간 생활안내 서비스(39.3%)〉택배우편물수령 서비스(38.0%)〉하우스키핑 서비스(30.0%)로 나타나 학교ㆍ직장 등으로 인한 바쁜 스케줄로 움직이는

20~30대의 시간과 노동절약에 대한 합리적인 요구가 반영되었다고 볼 수 있다. 셔틀버스 운행은 대중교통수단을 더욱 편리하게 이용하고자하는 욕구로서 가장 높은 선호도를 보였다.

쾌적성에 있어서는 휘트니스 센터(81%)〉스파시설(40.3%)로 나타났다. 전체 서비스 중 가장 높게 나타난 휘트니스 센터는 운동기기 이용 등 개인이 소유하기 힘든 다양한 장비 및 기기들을 구비해 놓고 함께 이용할 수 있다는 점과 바쁜 시간에도 운동을 통해 건강을 지키려는 욕구라고 볼 수 있다.

안전성에 있어서는 입주자 전용 로비 및 엘리베이터·카드키 서비스(35.3%)〉응급호출 서비스(25%)로 나타났으며 혼자 사는 싱글들에게 건강 혹은 신변상의 이상이 생겼을 경우 외부와 연락이 가능한 보호자 차원의 '안전'을 고려한 서비스가 선호되었다. 가족 등과 떨어져 혼자 거주하는 경우, 부모 혹은 배우자의 역할을 대신해줄 수 있는 보호자 차원의 서비스가 필요하다고 해석된다.

사회성에 있어서는 다양한 테마 모임 개최(26.5%), 친구모임, 접대 등의 행사 시 바·레스토랑 이용 서비스(53.6%), 도서관련 서비스(46.1%)순으로 나타났다. 커뮤니티와 인적네트워크를 중요하게 여기는 세대들이 중요시 하는 모임 지원 서비스를 다양한 방식으로 구축해야 할 것이다. 또한 집에 혼자 있는 시간 등을 활용 할 수 있는 도서관련 서비스 역시 여가 선용의 부분요소로서 도입되기를 원하고 있다.

편리성에 있어서는 서류 및 팩스 송수신 서비스(26.5%)와 통·번역 서비스(24.5%)가 나타났으며 재택근무자 및 개인 창업자 등 업무지원을 원활하게 지원하는 서비스가 요구되고 있다.

● 미래의 주택, 홈 네트워크

우리나라는 '1990년대 중반부터 추진된 IT분야 정책을 통해 디지털 강국의 디지털 사회로 발전하였고, 사회 모든 분야에서 IT기술이 개화되면서 유비쿼터스 사회로 진입하였다. 특히 주택도시분야의 홈네트워크, U-City 등은 신성장동력으로 향후 유비쿼터스 사회의 강력한 인프라로 작용할 것으로 예상된다.

주택은 월패드, 원격제어기기 등 정보기기를 빌트인으로 설치하

🔹 유비쿼터스

유비쿼터스라는 용어는 U-홈, U-헬스, U-러닝 등 우리 생활 전반에서 사용되고 있으며 영향을 미치는 추세로 주택도시에서 추구하는 유비쿼터스화는 언제, 어디서나 주위환경(주택, 건물, 도시 등)에 IT인프라가 구축되고 네트워킹 되어 모든 IT디바이스를 사용할 수 있고 유비쿼터스 서비스를 제공받으며(현재의 기술), 궁극적으로 '나'에 따라 조절(미래기술)되는 공간과 환경을 창조하는 것이다.

고 네트워크로 연결하여 주거성능을 높이는 다양한 서비스를 제공하는 첨단주택인 U-Home으로, 도시는 첨단 정보통신 인프라와 유비쿼터스 정보 서비스를 도시공간에 융합하여, 도시 전역에서 24시간 인터넷과 네트워크에 접속할 수 있고 재해, 환경, 교통, 에너지 등 첨단 공공설비와 도시가 통합 관리되어 안전 · 편리하고 쾌적한 첨단도시인 U-City로 계획되고 있다.

주택에 각종 센서, 기기 등 홈네트워크 설비를 빌트인시키고 이를 통해 보안, 원격제거, 엔터테인먼트 등의 서비스를 제공하고 유지 관리하여야 하는 U-Home은 설계단계부터 관리까지 주택건설 분야를 중심으로 기존의 주택건설 및 유지관리 기술에 홈네트워크 설비의 도입 및 서비스를 위한 다양한 콘텐츠 등 구체적이고 융합적인 기술이 개발 · 적용되고 있다.

5부

도시형 생활주택 Q&A

Ⅰ 투자자들은 원한다

1. 설문항목의 통계결과 분석

　도시형 생활주택 전문업체 수목건축은 지난 몇 개월 동안 수십 차례의 세미나를 통해 설문조사를 실시하였다.

　설문지 항목은 크게 ①설문대상자의 기본 인적사항, ②도시형 생활주택에 관한 인식조사 두 가지로 분류된다.

　수백 명의 수강자 중 설문에 답한 대상자는 총 140여 명이며 서울시에 거주하는 40~50대 남성 및 관련 업계 종사자들의 비율이 높았다.

연령

총 140명의 응답자 중 50대가 59명(42%), 40대가 33명(24%)으로 주로 40~50대가 전체의 66%를 차지하였다. 이 연령대는 자가 주택 소유율이 가장 높아서 주택매입 세대에 해당된다. (*30대에 주택보유수가 늘어나면서 50대에 최대보유 60대에 들면서 감소, 〈향후 10년간 사회변화 요인분석 및 시사점〉 통계청, 2009)

또한 이러한 통계결과를 통해서 10년 내에 베이비붐 세대의 은퇴가 진행됨을 고려해 볼 때 본인의 주거 축소 및 수익형 부동산을 통한 제2의 월급통장을 마련함으로서 노후대비를 고려하고 있을 것이라는 추측도 가능하다.

●
연령별 참석자 현황

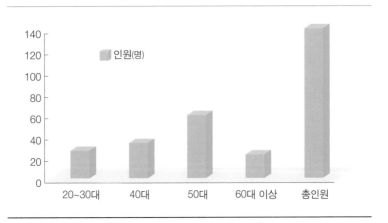

성별

2) 남 〉 여

전체 응답자 중 남성이 120명(79%), 여성이 31명(21%)으로 남성의 참석 비율이 여성보다 현저하게 높은 것으로 나타났다.

●
참석자 성별

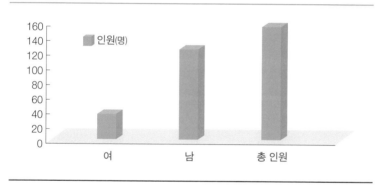

거주지역

서울 〉경기도 〉지방

거주지역의 경우, 전체의 총 76%(104명)에 해당하는 인원이 서울에 거주하는 것으로 나타났고 경기도 27명(20%), 지방 5명(4%)순이었다. 이는 관련법의 확정(주차장 기준완화 및 완화구역 지정 등)과 관련하여 서울시 기준으로 발표함으로서 간혹 서울시에만 해당한다고 생각하는 투자자들이 많은 점도 한 가지의 이유라고 본다.

거주지역별 참석자 현황

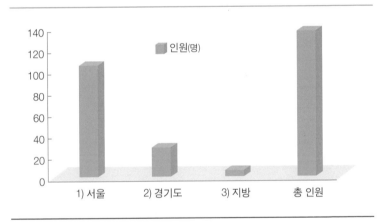

직업

공인중개사 〉 개인사업자, 기타 〉 개발사업 관련 〉 건설업 관련, 임
대주택사업자 〉 은퇴자 〉 설계사무소 〉 주부 〉 컨설팅업체 〉 금융관
련 〉 임대관리전문업체

　직업분포는 주로 관련업계종사자들의 다양한 직군으로 비슷한 분
포로 나타났다. 공인중개사 25명(19%) 〉 개인사업자 및 기타직군 각
21명(16%) 〉 개발사업 관련종사자 15명(11%) 〉 건설업관련 및 임대주
택사업자가 각 11명(8%)을 차지하였으며 은퇴자 9명(7%) 〉 건축설계
사무소 6명(5%) 〉 주부 및 컨설팅업체 각5명(4%) 〉 금융관련 종사자
3명(2%)으로 ①사업 아이템으로서의 도시형 생활주택과 ②안정된 수
익을 얻고자 하는 일반인들의 관심도, 2가지로 요약할 수 있겠다.

●
직업별 참석자 현황

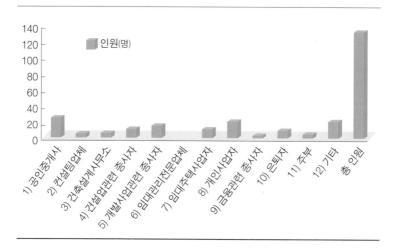

● 투자자들의 인식 및 기타 의견

정보 수집 경로

신문 〉 인터넷 〉 지인소개 〉 방송 〉 기타

도시형 생활주택에 관한 정보를 수집하는 경로는 주로 신문 97명
(64%) 〉 인터넷 35명(23%) 〉 지인소개 13명(9%) 〉 방송 6명(4%)이었
다. 매일 접할 수 있는 신문의 특성상 상대적으로 빠르고 쉬운 정보
습득이 주요 이유라고 볼 수 있겠다. 신문 다음으로는 인터넷을 통한
정보 수집 방법이었으며 인터넷의 상용화를 통한 불특정 다수간의 용
이하고 빠른 정보교환은 앞으로 더욱 활성화될 것으로 보인다.

●
도시형 생활주택 정보 습득 경로

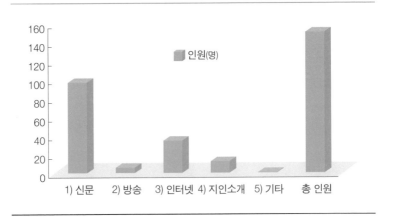

수익형 부동산 중 가장 선호하는 부동산 유형

원룸 〉 상가 〉 오피스텔 〉 기타

수익형 부동산 중 가장 선호하는 부동산의 유형은 '원룸 〉 상가 〉 오피스텔' 순이었다. '원룸'이 전체 응답자의 112명(74%)으로 압도적이었다. 이는 1 · 2인 가구의 급증에 따른 수요의 증가와 사회적인 트렌드로 자리 잡고 있는 싱글족에 따른 관심도가 높은 것으로 참석자들은 앞으로의 주거문화 변화예측(소형 주택 시장의 활성화)에 대한 기대와 인식 속에 원룸을 선호하는 것으로 보여 진다.

선호 부동산의 유형

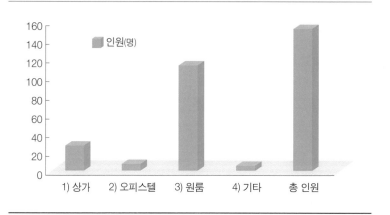

임대나 분양 시, 가장 중요한 요인

교통 〉 가격 〉 주변환경 〉 편의시설

　도시형 생활주택 상품의 임대, 분양 시 관계요인의 선호도를 조사한 결과 '교통 〉 가격 〉 주변환경 〉 편의시설' 순으로 나타났다. 특히 교통이 '103명(68%)'으로 가장 중요시 되는 요인으로 나타났다. 주차대수의 한계로 인한 입지적 여건이 사업의 관건으로 보이며, 초역세권으로 편리한 이동수단이 우선시 되어야 함을 인식하고 있다고 추측할 수 있다. 그 다음은 가격요인이 29명(19%), 주변환경 17명(11%)및 편의시설 2명(1%) 순으로 나타났다. 이는 삶의 질을 향상시키는 추가적 요인으로 입지여건상 빼놓을 수 없는 요소이기도 하다.

●
임대 및 분양 시 주요 항목

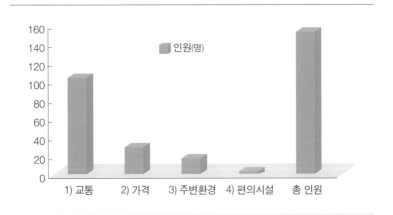

세미나를 통한 도시형 생활주택의 이해도

네(87%) 〉 아니오(13%)

본 세미나를 통한 도시형 생활주택 이해도에 대한 질문에 참석자들 대부분이 '그렇다'라고 대답하여 관심도가 매우 높은 것으로 판단되었다. 세미나 이후 장시간의 질의응답 시간에서도 그에 대한 열의를 파악할 수 있었다.

● 도시형 생활주택에 관한 이해도

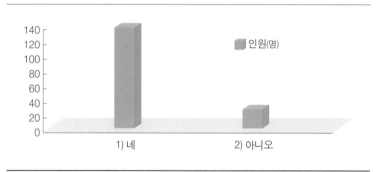

도시형 생활주택 투자 의향

네(97%) 〉 아니오(3%)

도시형 생활주택에 투자할 의향에 관한 질문에 대부분의 참석자들 146명(97%)이 투자 의향이 있는 것으로 답변하여 전반적으로 긍정적인 반응을 보이고 있다고 판단된다.

● 도시형 생활주택 투자 의향

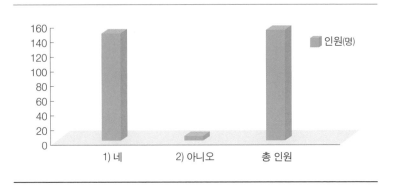

투자의 주된 이유

안정적 임대수입 〉기타 〉지가 상승

투자의 이유는 주로 안정적인 임대수입 141명(93%)으로 나타났다. 지가 상승 등 매매수익의 차익을 보려는 목적보다 월세개념의 임대수익을 매우 선호하고 있었다. 이러한 사실을 통해 앞으로의 한국 부동산 시장이 선진국 대도시의 경우와 같이 전·월세형으로 갈 것이라는 예측이 가능하다.

도시형 생활주택 투자 이유

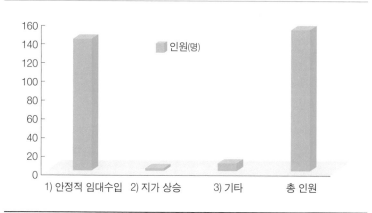

임대 방식 선정

건설임대 〉 매입임대

건설임대 방식과 매입임대 방식 중 건설임대 126명(83%)라고 한 응답자들이 많았다. 주로 토지나 건물 소유주들이라고 보이며 신축 또는 리모델링을 통해 임대수익 극대화를 실현하고자 하는 목적이라 보인다.

● 임대 방식 선택

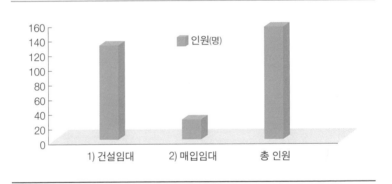

건설임대를 채택할 경우, 토지규모의 산정

100평 이내 〉 200평 이내 〉 200평 이상 〉 50평 이내

도시형 생활주택사업을 함에 있어 선호하는 토지면적은 100평 이내 108명(72%)라고 응답한 투자자들이 압도적으로 많았다. 소규모(20세대 규모)로 건설임대 방식을 취하여 고정적·안정적인 수익률을 보려는 경향이 강한 성향을 나타낸다고 보여진다.

● 건설임대 시 예상 토지규모

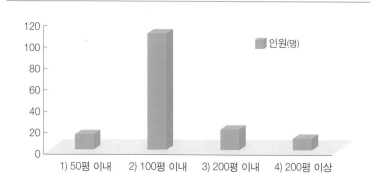

투자금액의 산정

10억 원 이하 〉 10~20억 원 이하 〉 20억 원 이상

투자비용은 10억 원 이하 49명(56%)이 가장 많았으며 10억 원에서 20억 원 범위 내 다양한 투자금액으로 본인의 여유자금을 도시형 생활주택에 투자하여 임대수익을 극대화하고자 하는 의지가 보인다. 이는 소자본을 통한 임대수익의 다양한 방법들을 제시할 수 있는 중요한 사례들로 분석해볼 수 있겠다.

●
도시형 생활주택 예상 투자비

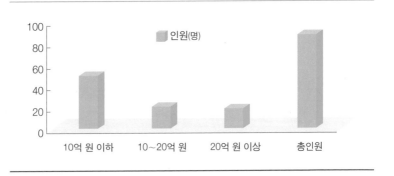

208

예상수익율의 산정

10% 이하 〉 10~20% 〉 20% 이상

설명회에서 행복경제, 균형경제에 적합한 수익률을 8%로 강조한 결과 투자자들의 수익률에 대한 답변은 10% 이하 62명(51%)가 가장 많았으며, 10~20%(43%)가 다음으로 투자자가 원하는 수익률로 가급적 많은 수익을 바라는 것으로 보인다.

● 예상 수익률

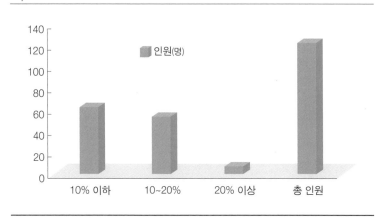

진행방식 선정

임대 〉 임대 후 분양 〉 분양

　도시형 생활주택의 단순임대가 91명(60%), 임대 후 분양이 42명
(28%), 분양이 18명(12%)으로 나타나 전반적으로 분양보다는 임대
를 선호, 정기적인 월세 수익을 선호하는 것으로 보인다.

●
도시형 생활주택 사업진행 방식

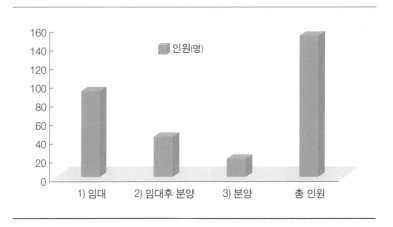

예상 입지

역세권 〉 대학가주변 〉 공단주변 〉 기타

2, 3번 설문에서도 확인할 수 있는 가장 중요한 요소를 교통이라고 봤을 때 역세권이 가장 메리트가 있는 요소로 투자자들에게 인식되어지고 있다. 역세권 지역이 압도적 113명(75%)이었으며 그 다음으로 대학가 주변 28명(19%) 및 공단주변 7명(5%)으로, 수요가 많은 지역을 좋은 입지 여건으로 생각해 볼 수 있다.

도시형 생활주택 예상 입지

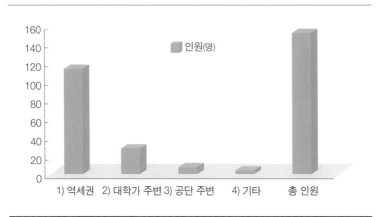

도시형 생활주택의 서민주택 공급 기여도 수준

많이 〉 보통 〉 약간 〉 아주 많이 〉 전혀

도시형 생활주택이 서민주택 공급에 얼마나 기여할 것인가라는 질문에 87명(58%)의 응답자가 '많이'라고 응답하였다. 이는 늘어나는 1·2인 가구의 수요에 비해 공급이 부족한 상황을 인식하고 있는 것으로 보이며 국토해양부 및 서울시에서도 관련정책을 속속들이 내놓고 있는 시점이라 투자자들 역시 공급이 불가피하다고 생각하기 때문이라고 볼 수 있다.

도시형 생활주택의 서민주택 공급 기여도

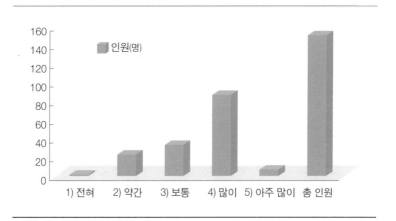

도시형 생활주택 주거의 질 향상에 대한 기여도

많이 〉보통 〉약간 〉아주 많이 〉전혀

 주거의 질 향상에 대한 기여도는 많이 69명(51%), 보통 40명 (30%), 약간 19명(14%), 아주 많이 4명(3%), 전혀 2명(1%) 순으로 나타났다. 기존 소형 주택상품들의 열악한 환경 및 관리현황 등에 비해 도시형 생활주택은 좀 더 체계적이며 가치 있는 공간으로 수요자들의 욕구를 만족시켜줄 수 있다고 보았으며 이를 통해 주거의 질을 높여 줄 것이라는 긍정적인 기대와 반응으로 나타났다. 한편 (반)지하 건축불가 등의 도시형 생활주택의 건축 기준은 보다 쾌적한 환경을 형성할 수 있으므로 주거의 질 향상 기여도에 관한 본 질문에 일부 반영되어 나타났을 것이라 예상된다.

●
도시형 생활주택의 주거 질 향상의 기여도

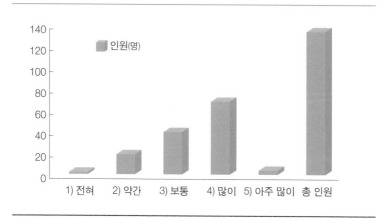

도시형 생활주택 공급 활성화 이후 예상 문제점

자유답변 :: 도시형 생활주택의 공급 활성화에 따른 발생가능 문제점들에 대한 생각

대부분의 참석자들이 문제점으로 제기했던 부분은 '세대당 주차대수 감소로 인한 주차난, 그리고 소형 주택의 과다 공급에 따른 난개발 및 슬럼화'였다. 자유답변을 정리해보면,

첫째로 주차난의 해소 방법은 1·2인 주거의 입지여건 중 교통편리를 가장 중요한 요인으로 인식하고 주변의 공용주차장을 통한 주차난 해결방안을 위해 각 해당 지역에서 입지를 분석·개발해야 할 것이다.

둘째로 공급 과다에 따른 난개발 문제는 사업주체가 철저한 사업지 분석에 따른 차별화 전략으로 쾌적한 환경과 편리한 시설로 장기적인 안목으로 접근해야 할 것이다.

참석자들이 생각하는 또 다른 예상 문제점으로는 세대 간의 안전, 시설물 관리, 소음문제, 기타 편의시설의 및 휴게공간 등 거주자의 관점에서 1인 싱글족이 원하는 상품의 기대치에 대한 부재를 문제사항으로 제시하였다.

이는 싱글족의 요구사항을 반영한 개발방식이 필수조건임을 알 수 있다.

투자자의 입장에서 문제점으로 야기되는 점은 지가 상승으로 인한 좋은 땅 확보가 어려워질 것이라는 예상 및 공급과잉에 따른 임

대가격에 따른 투자수익이 약화될 것이라는 우려 등을 들 수 있겠다.

도시형 생활주택 관련 도움될 만한 사항

자유답변 :: '도시형 생활주택 무엇을 도와드릴까요?'에 관한 답변
현황

대체적으로 투자자들은 신속하고 지속적인 해당 지자체의 정확한 조례발표와 정보의 제공 및 공유를 원하였다. 그 중 정부정책 측면에서는 기금지원 및 세제해택 등이 빠른 시일 내에 가시화되어 도시형 생활주택이 보다 활성화 될 수 있게 운용해택을 줄 것을 요구하였다.

투자자의 입장에서는 토지가격이 낮은 유리한 지역소개, 공사비 절감 방안 및 소자본 투자를 위한 공동투자안의 제시, 사업진행의 전반적인 프로세스 및 개발사례들에 대한 도움을 받고 싶어 했다.

그 외에도 도시형 생활주택의 주거의 질과 관련한 내용으로 ①차별화된 디자인의 개발 ②공간 활용의 다양성 ③보안 시스템 개발 ④1인 가구를 위한 가구 및 생활가전 시스템 ⑤발코니 활용방안 ⑥ 주차공간의 효율적 활용방안 등 소형 주택이 가질 수 있는 다양한 차별화 전략을 적용한 상품 개발이 요구되었다.

설문결과를 요약하면,

도시형 생활주택 투자자들은 주로 '신문'을 통해서 정보를 얻고 있으며, '원룸'을 수익형 부동산의 대표적인 유형으로 보고 있었으며, '교통'이 편리한 '역세권' 지역을 임대나 분양 시 가장 중요한 요인으로 인식하고, '100평 이내(투자비용:10억 원 이하) 건설임대 방식으로 10% 이하의 안정적인 월 임대수입'을 기대하고 있는 것으로 나타났다.

25문 25답

수목건축 도시형 생활주택 관련 컨설팅 의뢰 및 답변

5부에 소개된 모든 사례들은 수목건축이 직접 의뢰받은 실전사례입니다.

● **사례 1.** 기존건물의 용도 변경 시 건축연도를 체크하라!

– 구로동 김씨 아저씨–

질문 ····· 상가를 가지고 있는데 장사가 안 되서 리모델링을 하려고 합니다. 그런데 상가가 기존 대지 경계선에서 0.5m밖에 떨어지지 않았습니다. 이런 경우에도 도시형 생활주택으로 용도 변경 가능한가요?

답변 ····· 대지 안의 공지규정은 2006년 5월 9일 이전에 건설된 건축물에 대해서는 예외를 인정하고 있습니다. 따라서 2006년 5월 9일 이전에 건축허가를 받아 건축한 건축물의 경우, 기존 건물의 대지 안의 공지규정을 받지 않고 도시형 생활주택으로 용도 변경할 수 있습니다.

[대지안의 공지기준] 서울시 건축조례 별표 4

구분	대상 건축물	건축물의 각 부분까지 띄어야 할 거리
건축선으로부터 건축물까지 띄어야 하는 거리	공동주택	아파트 : 3m 이상
		연립주택 : 2m 이상
		다세대주택 : 1m 이상
인접대지 경계선으로부터 건축물까지 띄어야 하는 거리	전용주거지역에 건축하는 건축물 (공동주택 제외)	1m 이상
	공동주택	아파트 : 3m 이상
		연립주택 : 1.5m 이상
		다세대주택 : 1m 이상

● **사례 2.** 수익률 8%에 맞춘 사업비를 산정하라.

– 청담동 이씨 아주머니–

질문 ····· 수목건축의 마이바움(MAIBAUM)의 경우 공사비 산정은 어떻게 됩니까?

답변 ····· 수목 마이바움(MAIBAUM)의 경우 연면적 660m²(200평)

기준, 평당 건축비가 최고급형은 420만 원(MAIBAUM ORANGE), 고급형은 400만 원(MAIBAUM LIME), 일반형은 380만 원(MAIBAUM APPLE)입니다. 그리고 공사비의 차이는 마감재의 차이라 할 수 있습니다. 풀옵션의 범위는 TV, 세탁기, 냉장고, 책장, 침대 등의 가전 가구 제품이 포함됩니다. 도시형 생활주택은 월세상품이기 때문에 풀옵션은 필수라고 할 수 있습니다.

저희 수목건축에서는 임대수익률 7%의 수익형 부동산을 상품화하고 있습니다. 따라서 임대가가 높은 지역은 공사비를 높여 상품의 경쟁력을 갖추고 임대가가 낮은 지역의 투자비를 최소화하여 사업의 안정성을 고려하고 있습니다.

● **사례 3.** 서울 외 지역의 도시형 생활주택은 조례를 참고하라. 지방은 확실한 수요자를 잡아라.

- 안산시 정씨 아저씨-
- 부산 ○○대학교 김 교수님-

질문 • • • •

1. 경기도 안산에서 도시형 생활주택을 계획하고 있는데, 지방에서도 가능한지요?

2. 부산에서 도시형 생활주택 계획을 세우고 있는데, 부산의 경우의 도시형 생활주택의 성공 가능성을 어떻게 보십니까?

답변 •••••

1. 최근 대도시뿐만 아니라 소도시에서도 도시형 생활주택에 관한 질의가 쏟아지고 있습니다. 일단 전국의 모든 도시지역에서 가능하다고 보시면 됩니다. 구체적 제반 건축 기준 등은 지방자치단체 조례에 따라 다를 수 있기 때문에 반드시 지방자치단체의 관련조례 확인이 필요합니다.

2. 지방에서의 도시형 생활주택사업도 수요자 층이 확실한 대학교 주변이나 상권 등이 발달한 지역이라면 충분히 가능하다고 봅니다. 부산에도 그런 지역이 있을 텐데요. 지방은 입지 선정이 가장 중요합니다. 근래에 지방분들의 문의가 많이 쇄도하고 있는 현상이 보여주듯 지방에서도 도시형 생활주택의 활성화를 기대해볼 수 있겠습니다.

● **사례 4.** 용적률 인센티브 제도는 없다.

– 논현동 정 대표님–

질문 •••• 저는 논현동에 위치한 건물의 건물주입니다. 도시형 생활주택을 계획하고 있는데, 정부에서는 공급의 활성화를 위해 용적률 인센티브 제도를 검토하고 있나요?

답변 ••••• 도시형 생활주택의 용적률 인센티브 제도는 없습니다.

그러나 발코니를 잘 활용하면 용적률 인센티브를 얻는 것과 마찬가지입니다. 발코니는 바닥면적에 포함이 되지 않기 때문에 기획 설계 시 이를 고려한 계획이 이루어지면 용적률 10~20%의 상승효과를 얻을 수 있습니다. 그리고 도시형 생활주택 원룸형을 계획할 때 공용취사실, 세탁실, 휴게실은 연면적에서 제외되기 때문에 이러한 공간을 효과적으로 배치한다면 상당한 용적률 상승효과를 볼 수 있다고 봅니다.

● **사례 5.** 싸고 좋은 땅이 사업의 성패를 좌우한다.

− 연희동 박씨 아저씨−

질문••••• 총 투자비 20억 원 정도로 도시형 생활주택 계획을 세우고 있는데 각각 사업비의 비중을 어떻게 해야 하나요?

답변••••• 일반적으로 사업비는 토지매입비 60~65%, 건축비 30~35%, 기타 5% 정도의 비중을 보이고 있습니다. 일반적인 비율이 이렇다는 것이고 여기서 가장 중요한 포인트는 어려운 답이지만 싸고 좋은 땅입니다.

싸고 좋은 땅은 사업성공의 90%라고 봅니다. 그리고 토지를 매입할 때 반드시 컨설팅을 받아 사업성을 검토해야 합니다. 검토 후 사업성이 있다고 판단되면 빠른 결정을 통하여 매입하는 것이 중요합니다. 시작이 반이라는 말도 있지 않습니까?

● **사례 6.** 도시형 생활주택, 절세효과를 확인하라.

-은평구 결혼 3년차 이씨-

질문•••• 도시형 생활주택의 세제혜택 중 취·등록세는 어떻게 되나요?

답변•••• 도시형 생활주택은 임대사업자 등록을 내어서 임대할 때 취·등록세가 면제됩니다. 즉 도시형 생활주택은 주택임대사업자를 내서 진행하는 것이 취·등록세 측면에서 유리하다고 봅니다.

임대주택 사업자 기준		
임대주택법 (제6조1항)	임대주택사업자의 등록	대통령령이 정하는 호수 이상의 주택을 임대하고자 하는 자는 시장, 군수 또는 구청장(자치구의 구청장을 말한다.)에게 등록을 신청할 수 있다.
임대주택법 시행령 (제6조1항)	임대주택사업자의 범위 및 등록기준	법 제6조1항에서 '대통령령이 정하는 호수'라 함은 단독주택의 경우에는 2호, 공동주택의 경우에는 2세대를 말한다.

● **사례 7.** 단지형 다세대는 다양한 상품으로 해결하라.

-양천구 목동 신씨 아주머니-

질문•••• 대부분의 투자자들이 도시형 생활주택사업을 계획할 때 원룸형 주택을 많이 선호하더라고요. 단지형 다세대주택이 상품 경쟁력이 많이 떨어질 것 같은데, 어떻습니까?

답변••••• 단지형 다세대주택은 1인 가구 뿐만 아니라 2·3인 가구의 주택이라고 해석하시면 될 것 같습니다. 따라서 다양한 형태의 연구가 필요하다고 봅니다. 전용면적 85㎡ 이하이기 때문에 복합구조로 해결하여 '주거+업무', 또는 '주인+임대세대' 등 다양한 공간의 재구성이 가능하다고 봅니다. 그리고 건축위원회의 심의를 받은 경우 주택의 층수가 5층까지 가능합니다. 또한 동별 맞벽(측벽)건축 허용도 상품의 장점이라고 봅니다..

● **사례 8.** 하이브리드 복층구조를 도입하라.

-분당구 야탑동 서씨 아주머니-

질문•••• 수목건축에서 개발하신 마이바움은 다양한 복층구조 계획이 되었던데 기존의 오피스텔의 복층과 같은 구조인가요? 복층은 불법 아닌가요?

답변 • • • • 아닙니다. 수목건축 마이바움(MAIBAUM)의 복층개념은 완전히 다른 2층 집을 의미합니다. 기존 오피스텔의 복층은 거실의 상부가 오픈되어 있는 형식인 데 반해, 마이바움(MAIBAUM)의 복층구조는 완전독립이 가능한 복층이라고 생각하시면 됩니다. 7가지 타입으로 구성이 되어 있고, 같은 복층구조라도 입주자의 라이프스타일에 맞는 타입이 적용되고 있습니다. 예를 들어 홍대 앞 공동 작업이 불가피한 대학생을 위한 평면의 경우 공간의 2분의 1 혹은 4분의 3을 업무 작업공간으로, 2분의 1 혹은 4분의 1을 주거공간으로 배치하여 수요자의 요구에 맞게 조절하여 사용할 수 있게 하고 있습니다.

● **사례 9.** 강남은 Capital Gain, 강북은 투자 수익률로!

– 강동구 명일동 조씨 아저씨–

질문 • • • • 최근 서울의 땅값이 많이 올랐는데 도시형 생활주택사업을 계획할 때 강남, 강북 나누어서 정해놓은 땅값 기준이 있나요?

답변 • • • • 정해놓은 땅값 기준은 없습니다. 일반적으로 강남의 투자 수익률은 5~7%, 강북은 7~10% 정도의 투자 수익률을 보이고 있습니다. 강남은 수익률보다 Capital Gain, 강북은 수익률을

보고 투자하는 경우가 많습니다. 최근 전반적으로 도시형 생활주택 관련 수익성이 높아지면서 토지가가 급등하고 있는 추세(특히 강북지역)를 보이고 있습니다. 강북의 대학가 주변은 평당 2,000만 원대, 강남의 직장인 수요대지는 평당 3,000만 원대를 웃돌고 있습니다(2종 일반주거지역 기준).

중장기적으로 강남 등 특수 지역을 제외하고는 임대가가 평균화될 것으로 보입니다(전용면적 6평 기준, 보증금 1,000만 원/월세 55~70만 원).

● **사례 10.** 준공업지역은 공동주택 허용기준을 확인하라!

-안산시 문씨 아저씨-

질문•••• 제가 준공업지역 내 공장 이적지 500평을 가지고 있습니다. 도시형 생활주택으로 개발하려하는데 가능할까요?

답변 •••• 서울시의 경우, 해당 필지가 준공업지역으로 현재 공장부지로 사용되고 있다면 공동주택 중 기숙사 및 임대아파트만 건축할 수 있습니다. 지구단위계획구역 지정대상이 되는 노후건축물 기준에 적합할 경우, 서울시 도시계획 심의를 거쳐 공동주택(다세대주택, 연립주택, 아파트)을 건축할 수도 있습니다.

● **사례 11.** 토지를 규모에 맞게 쪼개라. 나머지는 팔아라!

-송도 김씨 아저씨-

질문 •••• 도시형 생활주택의 최대 세대수인 299세대를 짓고 옆 부지를 연접하여 개발이 가능한가요?

답변 •••• 연접개발은 불가능합니다. 이런 경우, 전체 토지면적을 299세대 계획에 맞게 분할한 다음 나머지 토지는 매각하여 현금화시키는 것도 좋은 방법입니다. 또는 도시형 생활주택과 공동주택을 동일단지 안에 계획이 가능하기 때문에 복합 건물로 계획을 세우는 것도 괜찮을 것 같습니다.

● **사례 12.** 엘리베이터 없는 건물을 주목하라!

-서초동 곽씨 아저씨-

질문 •••• 요즘 불경기라 상가 수익률이 매우 저조합니다. 건물 임대수익이 유일한 수입원이라 이거 참 답답합니다. 여러 가지 방안을 모색해보다가 이렇게 대표님을 찾아오게 되었습니다. 리모델링으로 수익을 얻을 수 있는 방법도 생각을 해보았는데 어떨까요?

답변 ···· 리모델링을 활용하는 방법은 좋은 생각입니다. 신축에 비해 투자비는 50~60%밖에 들지 않지만 효과는 신축 못지않습니다. 그리고 엘리베이터를 설치하여 건물의 효율성과 가치를 높이는 방법도 고려해볼 만합니다. 건물의 수직 동선을 원활하게 하여 임대가를 상승시킨 사례가 실제로도 많습니다. 리모델링을 통해 도시형 생활주택을 시작하실 투자자분들은 엘리베이터 없는 건물을 주목하시기 바랍니다.

● **사례 13.** 고시원과 도시형 생활주택은 동일 건물 내에 건설할 수 없다.

-부천시 조씨 아저씨-

질문 ···· 저는 현재 부천시에 10층짜리 건물을 소유하고 있습니다. 건물의 10층은 헬스장으로 운영되다가 영업부진으로 수익이 나지 않아 벌써 몇 달째 공실상태입니다. 10층을 도시형 생활주택으로 용도 변경하려고 합니다. 가능할까요?

답변 ···· 본인 소유 건물의 10층을 리모델링으로 용도 변경하시려는 사례네요. 건축물 관리대장을 확인해 본 결과 9층에 연면적 800m²의 고시원이 사용되고 있네요. 이런 경우 10층을 도시형 생활주택으로 용도 변경하기 어렵습니다. 왜냐하면 고시원(2종 근린생활시설)과 도시형 생활주택은 동일건물 안에 건설될 수 없기 때문입니다. 만약에 10층을 고시원으로 계획하신다면 200m²까지만 고시원으로 계획할 수 있습니다. 고시원은 연면적 1,000m²까지만 검토될 수 있고, 그 이상은 숙박시설이 됩니다.

● **사례 14.** 국민주택기금, 알고 써라!

-강남구 도곡동 문씨 아저씨-

질문•••• 토지를 250m²(75평)를 가지고 있는데 공사비가 없어서 국민주택기금을 활용하여 20세대 규모의 도시형 생활주택 사업을 하려고 합니다. 가능할까요?

답변•••• 일단은 국토해양부 주택기금과에 확인하시기 바랍니다. 국토해양부 주택기금과에 의하면 1순위 대출요건이 국민주택기금을 이용하여 도시형 생활주택을 신축하는 경우이며 신축만 가능하고 리모델링은 해당되지 않는다고 합니다. 신축하실 분들은 국민주택기금을 적극 활용하여 보시기를 권장합니다. 이에 관한 더욱 세부적인 사항은 우리은행을 통해서 사업자 신용평가가 실시될 예정이니 확인해보시기 바랍니다. (114페이지 참고)

🔵 **사례 15.** 기존 연립주택 도시형 생활주택으로 임대나 분양으로

-서초동 심 회장님-

질문•••• 도시형 생활주택을 통해 노후대비를 할 수 있는 좋은 방법이 없을까요? 현재 살고 있는 연립주택은 너무 낡은데다 두 부부가 살기에는 너무 넓습니다. 거주 평수를 줄여서 도시형 생활주택으로 전환할 수 있을까요?

답변•••• 도시형 생활주택에 대한 금융지원과 주차장 기준완화 안으로 인한 정부의 활성화대책 이후 기존 연립주택에 거주하는 주민들이 시행주체가 되어 임대 및 분양사업을 하려는 움직임이 확산되고 있습니다. 최근 수목건축이 검토하고 있는 많은 사례 중에서 집주인이 직접 거주하면서 나머지는 도시형 생활주택을 활용하여 임대수익을 얻고자 하는 방안이 검토되고 있습니다. 어떤 경우는 전세대를 도시형 생활주택으로 계획하여 임대나 분양으로 수익형 부동산으로 전략을 세우는 경우도 많습니다.

● **사례 16.** 수익이 투자비보다 큰 방법 !

-수원시 공인중개사 박 사장님-

질문•••• 수원에서 공인중개사로 일하고 있는 박○○입니다. 저는 도시형 생활주택을 조금 특이한 방법으로 진행하고 있습니다. 올 한해 수십 건을 진행하고자 하니 귀사에서 비용을 저렴하게 설계와 시공을 해주시면 어떨까요?

답변•••• 땅이나 건물을 가지고 있을 경우, 투자비 대비 수익률은 신축의 경우 25~30%, 리모델링의 경우 30%~35% 정도의 수익률을 보이고 있습니다.

박 사장님께서 진행 중이신 방법은 계약금의 15%를 먼저 지불하고 계약 후 3개월 뒤에 잔금의 85%를 지급하기로 하고 건축주의 동의 받아 리모델링을 진행시켰던 사례죠. 3개월 안에 리모델링을 끝내고 입주자들의 보증금과 월임대로를 받아서 잔금 85%를 해결하였습니다. 이 같은 경우, 수익이 투자비보다 크다고 할 수 있습니다. 대단한 방법이라 생각됩니다. 문제는 기존 집주인이 과연 리모델링 동의를 해줄 수 있는가에 있다고 봅니다.

● **사례 17.** 상업지역 · 준주거지역은 기계식 주차도 적극 검토하라.

-용산 개발업체 아저씨-

질문•••• 올해 초 용산지역 준주거지역에 200평의 토지를 매입하였습니다. 기계식 2단 주차 검토를 전제로 수익성을 검토하였습니다. 대표님, 어떻게 보십니까?

답변•••• 현행 서울시의 각 자치구에서 순수 공동주택에 적용하여 기계식 주차를 허가한 사례를 찾아보기 어렵습니다. 그리고 자주식 주차는 350평 이상 되어야 원할하게 자주식 주차장 계획을 세울 수 있습니다. 그러나 최근 '8 · 23 전세대책' 이후 추가로 완화된 규정에 의하면 필요시에 한해 기계식 주차장 설치도 가능하도록 허용하였습니다. 상업 · 준주거지역 내 주상복합 형태의 원룸형 주택에 대해 기계식 주차장 설치가 가능하니 이점 참고하시기 바랍니다.

● **사례 18.** 주택건설사업자 등록요건을 확인하라!

-강남구 개포동 손씨 할머님-

질문••••• 일반인으로서 자본을 가지고 있다 해도 주택건설
사업자를 등록한 사람이 꼭 있어야 한다는 점이 도시형 생활주택
사업을 시작하기에 어려울 것 같은 느낌이 드는데, 속 시원히 설명
좀 해주십시오.

답변••••• 도시형 생활주택사업은 주택건설사업자 등록을 해야
합니다. 주택건설사업자 등록에 대해서는

1) 자본금 3억 원

 * 법인 3억 원 이상 (직전년도 법인세 신고 첨부된 대차대조표, 재무관리
   상태 진단보고서, 예금잔액증명서 및 기타 재산보유증명)

 * 개인 6억 원 이상 (감정평가서, 예금잔액증명서, 공시지가확인원 및 토
   지등기부등본),

2) 건축분야 기술자 1인 이상(기술자보유증명서, 설계업체 X)

3) 사무실 면적 33m² 이상, 오피스텔(업무용O, 주거용X), 근린생활
   시설의 3가지 요건을 만족시켜야 합니다. 아니면 주택건설 사
   업자와 공동으로 사업을 시행할 수 있습니다.

● **사례 19.** 도시형 생활주택은 좁고 긴 부지가 유리하다!

-분당 막막한 조씨 아버님-

질문•••• 분당에 위치한 10층 건물 중 한 개 층이 800평인 사우나 타운을 운영하고 있습니다. 그러나 최근 불경기의 영향으로 수익률이 저하되어 도시형 생활주택사업을 모색하고 있습니다. 과연 사업성이 있는지 도와주세요.

답변•••• 각각의 실들이 외부로 창이 접해야 하는데 창을 외부에 접한 나머지 면적이 60%입니다. 자체면적이 길쭉한 형태[장방형]가 아닌 통통한 사각형태[정방형]를 취하고 있어 중간부분이 비효율적입니다. 창을 낼 수 없는 나머지 면적이 너무 넓기 때문에 이 같은 경우 내부계획을 수립하기가 어렵습니다. 도시형 생활주택은 오히려 좁고 긴 부지가 유리한 경우가 많습니다.

● **사례 20.** (반)지하층은 도시형 생활주택 안 된다!

-강남구 일원동 송씨 아주머니-

질문•••• 저는 현재 다가구주택을 소유하고 있습니다. 지하층을 포함하여 5개 층으로 구성되어 있고 도시형 생활주택으로 리모델링하려고 하는데 지하층도 도시형 생활주택으로 가능한가요?

답변 • • • • 지하층과 반지하층은 모두 도시형 생활주택에 해당되지 않습니다. 주택의 경우 지하층에 설치가 어렵습니다. 사모님의 경우 지상층을 도시형 생활주택으로 계획하고, 지하층은 지역의 특성에 맞는 근린생활시설로 이용하는 방법을 모색하는 것이 좋겠습니다.

● **사례 21.** 전용면적 20m² 이하는 1채에 한해 무주택으로 인정된다.

—송파구 문정동 장 사장님—

질문 • • • • 주택임대 시, 1가구 다주택의 기준은 어떻게 진행되고 있습니까? 명확하게 알려주십시오.

답변 • • • • 전용면적 20m² 이하의 도시형 생활주택 소유자는 청약 시 1채에 한하여 무주택으로 간주합니다. 2호 또는 2세대 이상 소유하는 경우는 제외가 됩니다. 주택 공급에 관한 규칙 제6조를 참조하시기 바랍니다.

● **사례 22.** 주차장 완화구역에 관심을 가져라.

-노원구 상계동 이씨 아주머니-

질문•••• 서 대표님, 신문자료를 보니까 주차장 완화구역을 각 구별로 신청을 받는다고 하던데, 제가 가지고 있는 땅도 해당이 될까요? 그리고 땅값은 어떻게 될까요?

답변•••• 주차장 완화구역은 일단 균등하게 각 구청마다 한두 곳을 추천을 받아서 한 곳을 지정합니다. 주차장 완화구역에 선정될 1개 구역 예상 면적은 5,000m² 이상 1만 m² 이하입니다. 그리고 최근 서울시 주차장 완화구역 25개소 중 대학가 주변지역으로 선정된 8개소 중 서일대, 경희대, 고려대 및 안암역, 성신여대 및 보문역 주변지역(3개소)이 확정, 고시되었으며 자세한 사항은 본문 128페이지를 참고하시기 바랍니다. 주차장 완화구역은 앞으로도 점진 적으로 확대될 것이라 봅니다.

2009. 8. 26 이후 선정된 주차장 완화구역_대학가 주변 8개 지역
※ 구역면적, 구역경계 등은 향후 절차이행 및 위원회 심의 등에 따라 조정될 수 있음
※ 대학가를 중심으로 완화 구역 선정 진행 중, 대학 밀집지역은 한 자치구에 2~3곳의 완화구역 선정가능

● **사례 23.** 주거용 오피스텔보다 도시형 생활주택이 경쟁
력 있는 상품

-한남동 정 사장님-

질문 ···· 오피스텔과 원룸형 도시형 생활주택은 어떤 차이
가 있나요? 최근 주거용 오피스텔 면적을 확대했다고 하는데 어떤
상품이 더 경쟁력이 있을까요?

답변 ···· 먼저 용도분류 측면에서 보면 원룸형 도시형 생활주택
은 공동주택, 오피스텔은 업무시설로 나눠집니다. 오피스텔의 경
우 욕실 및 주방을 설치할 수 있지만 욕실에는 욕조설치가 불가
능합니다. 하지만 최근 '8·23 전세대책'으로 바닥난방을 전용
면적 60m² 이하에서 85m²까지 허용함으로서 주거용도로 기대가
큽니다.

그러나 주차대수 산정 시, 원룸형은 전용면적 기준으로 60m²당
1대(상업, 준주거지역의 경우 120m²당 1대) 오피스텔은 가구당 0.5~1
대가 기준으로 도시형 생활주택에 비해 상대적으로 상품의 경쟁력
이 떨어진다고 봅니다. 그리고 전용률이 원룸의 70~75%임에 비
해 오피스텔은 50%으로 낮고 관리비가 다소 비싸다는 단점이 있
습니다.

● **사례 24.** 고시원과 도시형 생활주택을 비교하여 장단점을 확인하라!

질문••••• 원룸형 도시형 생활주택과 고시원 중 어떤 상품이 더 경쟁력이 있을까요?

답변••••• 고시원은 제2종 근린생활시설로 용도 분류되며 같은 층의 바닥면적 합계가 1,000m² 미만이고(추후 500m² 미만으로 변경예정) 구분등기가 불가능함에 비해 원룸형 도시형 생활주택은 전용면적 12~50m²로 공동주택으로 분류됩니다. 또 구분등기가 가능합니다. 일단 1·2·3종 일반주거지역의 경우 주차대수 기준으로만 살펴보면 전용면적 60m²당 1대, 고시원은 바닥면적 134m²당 1대로 고시원이 유리하다고 판단됩니다.

수익률 측면에서는 고시원이 원룸형 도시형 생활주택에 비해 비교적 높게 형성됩니다. 그러나 중·장기적인 관점에서 볼 때 고시원의 경우 주방을 설치할 수 없어 완전 주거형태인 도시형 생활주택의 원룸형이 더 유리하지 않을까요. 물론 고시원이 상대적으로 임대가가 싸기 때문에 수요층에 따라 상품을 판단하여야 하겠지요. 최근에는 고시원을 도시형 생활주택 원룸형으로 용도 변경 의뢰가 많아지고 있는데 이는 관리상의 문제, 공실률의 문제 등으로 임대 계약기간이 안정적인 원룸형 주택을 선호하는 분위기를 느낄 수 있습니다.

● **사례 25.** 도시형 생활주택(서울시)은 각 구청의 심의를 받아야 한다.

-송파구 답답한 박씨 아저씨-

질문•••• 도시형 생활주택은 정부에서 빨리 공급하려고 하는데 심의를 받아야한다고 합니다. 심의여부를 확인하고 싶습니다. 그리고 심의는 항상 열리나요?

답변•••• 서울시의 경우, 서울시 건축조례 제6조에 의하면 공동주택 20~299세대까지는 각 구청의 심의를 받아야 합니다. 그러나 최근(2011. 10. 26.) 서울시 조례가 개정되어 심의대상이 20세대 이상에서 30세대 이상으로 완화되었습니다. 그리고 16층 이상이고 300세대 이상은 서울시 건축위원회의 심의를 받아야 합니다. 즉 도시형 생활주택은 299세대까지이므로 각 구청의 심의를 받아야 합니다.

서울시에서는 필수적으로 구청심의를 거쳐야 하며, 서울시를 제외한 지역은 해당 시의 건축조례 제6조를 참조하시기 바랍니다. 그리고 각 구청별 심의는 안건이 모아져야 시행되기 때문에 각 구청별 심의 일시를 항상 확인하여 계획을 세워야 합니다.

누구나 성공할 수 있다?

"당신의 일에 1만 시간을 쏟아 붓지 않았다면 성공을 말하지 말라."

도시형 생활주택이 한국의 주거문화를 변화시킬 것이다. 이 변화를 느끼면서 관련 상품기획자로서 가슴의 전율을 느낀다. 소형 임대주택사업을 오랫동안 해왔던 나에게 가슴깊이 와 닿았던 이야기들이 있어 소개하고자 한다. 이 이야기들은 내 앞길의 이정표와 같은 소중한 메시지들이다.

세계적인 경영사상가인 말콤 글래드웰(Gladwell)은 "성공이란 영웅적인 한 개인의 작품이 아니라 부모의 지원과 사회적 환경, 문화적 유산 등이 연관된 철저한 그룹 프로젝트의 결과다"라고 말했다.

자수성가했다고 말하는 사람들을 자세히 들여다보면 다른 사람들의 도움이 결정적이었다.

왜 실패경험에 집착하는가?

실패에 더 복잡하고 중요한 정보가 담겨있다. 사람은 비일상적인 것에서 뭔가 배울 수 있는 기회가 많기 때문이다.

사람들에게 너무 성급하게 실패의 딱지를 붙여서는 안 되며, 누구나 재능과 가능성을 꾸준히 계발할 수 있는 여건과 문화를 조성하라는 것이 글래드웰의 메시지이다.

글래드웰은 아웃라이어(Outliers)*들의 성공비결을 '1만 시간 법칙'과 '마태복음 효과'로 요약한다. 1만 시간은 어떤 분야에서 숙달되기 위해서 필요한 절대적 시간이다. 하루 3시간씩 일주일 꼬박, 10년을 보내야 확보되는 시간이며 이 시간은 누구에게나 주어지지 않는다.

• • • • • •

* 아웃라이어

보통 사람의 범위를 넘어서는 비범한 사람, 즉 빌게이츠나 모차르트 같은 천재들을 말한다.

'무릇 있는 자는 받아 풍족하게 되고 없는 자는 그 있는 것까지 빼앗기리라' 라는 성경 마태복음의 법칙 또한 적용된다. 다시 말해 미래의 성공으로 이어지는 특별한 기회를 얻어낸 사람이 성공을 거두게 된다는 이야기다. 바로 출발점의 작은 차이가 큰 차이를 낳는 기회로 이어지는 것이다.

근면보다는 차라리 '나태한 창의력'을 택하라!

"부지런한 꿀벌은 싫다. 치열한 게릴라로 산다."
월스트리트 저널에서 뽑은 가장 영향력 있는 경영의 대가 20인 중 1위에 선정된 게리 하멜. 그의 1시간 강연료는 1억 원이라고 한다.

"혁명합시다."

−게리하멜−

핵심역량(Core Competence)이란

핵심역량이란 '다른 기업이 쉽게 모방하기 힘든 특정기업의 차별된 능력'을 말한다. 기술력이 핵심역량이 될 수도 있고 마케팅 능력처럼 기업이 보유하고 있는 지식이나 브랜드 가치 등도 핵심역량이 될 수 있다. 기업이 보유하고 있는 이 같은 차별화된 경쟁력을 적극 활용하는 것이 핵심역량 경영이다. 위기 이후 시장에서 승자가 되려면 불황기에도 핵심역량을 키우는 데 주력해야한다.

"개는 왜 두 발로 못 걷나?"

기업의 구조를 개에 비유한 그의 질문 속 속뜻은 이렇다. 기업의 경영구조 자체가 혁신을 생산하도록 설계된 것이 아니라 같은 일을 반복하도록 되어있기 때문이라는 것이다. 두발로 걷기를 기껏 훈련시켜도 다시 네 발로 돌아가는 개에게는 두 발 DNA가 없기 때문이라고 한다.

그가 전달하고자 하는 핵심은 착실하게 주어진 일만 열심히 수행하는 꿀벌과 같은 20세기 사고방식에서 탈피해 창의력과 상상력으로 무장한 행동 주의자이자 혁명가인 게릴라가 되라는 것이다. '성실 근면보다는 차라리 나태한 창의력을 택하라'는 것이다.

하멜교수는 저서《꿀벌과 게릴라》를 통해 성실한 꿀벌의 능력은 도태되고 창의적 게릴라가 성공할 것이라는 메시지를 전달한다.

꿀벌처럼 틀에 박힌 성실함으로 틀에 박힌 경영과 상품으로는 성공할 수 없다. 창의적인 게릴라처럼 혁신을 통해서 새로운 비즈니스를 만들어내야 한다. 지속가능한 성장을 위해서는 효율성보다는 창의성에 집중하여 핵심역량이 무엇인지 파악하여 이를 바탕으로 신시장을 개척할 수 있는 창의성이 필요하다.

'강한 공급업자의 네트워크'를 설계하고 이끌어 나가라.

"원하는 것이 무엇이든 말만 하십시오. 그러면 당신에게 맞는 '가상의 공장'을 만들어 드리겠습니다. 3만 개의 공급업자로 이루어진 네트워크가 중국 시안의 진시황 무덤을 지키는 적갈색 군인들처럼 준비되어 있습니다."

홍콩을 대표하는 기업 중에 리앤펑(Li & Fung Ltd.)이란 회사의 모토이다.

의류, 장난감, 액세서리 등 소비재를 생산하고 수출하는 회사로 전 세계 3만여 개 공장을 오케스트라처럼 연결하여 단 하나의 공장도, 단 한 명의 재봉사도 소유하고 있지 않은 독특한 비즈니스 모델을 구축하고 있다. 경영계에서는 이 회사가 하는 일을 '공급사슬

관리(Supply Chain Management. SCM) 서비스'라고 표현한다. 제조원가가 싼 공장을 찾는 것은 이 회사가 하는 일의 일부에 불과하며 디자인, 원자재 조달, 제조 관리, 운송, 통관에 이르기까지 고객사가 원하는 모든 일을 대행한다.

자신을 이러한 오케스트라의 지휘자에 비유하는 리앤펑 그룹의 빅터 펑 회장은 "오늘날의 경쟁이란 기업 대 기업이 아니라 팀 대 팀, 즉 하나의 공급사슬과 다른 공급사슬 간의 경쟁을 의미한다"고 말했다. 이때 중요한 것은 지휘자의 역할이다. 오케스트라 지휘자가 재능 있는 음악가들을 이끌어가는 것처럼, 강한 공급업자의 네트워크를 설계하고 이끌어나가는 키잡이가 필요하다.

이제는 네트워크 시대이다. 모든 것이 혼자서는 불가능하며 협업 관계를 구축하는 것이 곧 사업의 성공을 좌우한다고 볼 수 있다.

수목 마이바움의 비즈니스 비전은 '글로벌 네트워크'이다.

공급사슬 서비스로 비유되는 '리앤펑 그룹'의 경영전략은 나에게 크고 원대한 희망을 주는 메시지로 전달된다.

1만 시간의 노력, 한 개인의 것이 아닌 철저한 그룹 프로젝트의 결과로서의 성공, 부지런한 꿀벌의 근면함보다는 나태한 창의력,

핵심역량을 파악하여 신시장을 개척하는 게릴라적 혁명정신, 강한 공급자의 네트워크를 통한 협업관계 구축 등, 성공한 사람들의 성공전략을 통해 독자들에게도 도시형 생활주택으로 새로운 사업의 계기, 성공으로 인한 행복의 계기가 만들어지기를 기대한다.

주택건설사업의 구도
도시형 생활주택 건축 심의 기준

주택건설사업의 구도
(도시형 생활주택)

1. 토지주와 공동사업시행 방식

(토지주) 개인지주	공동사업 - 협약서 작성 - 사업승인 접수 시 제출	(시공사) (1) 종합건설업자 (2) 주택건설사업자

• 공동사업자 자격 조건

(1) 종합건설업자

- 건설산업 기본법 제9조에 따라 등록한 건설업자(건축공사업 또
  는 토목건축공사업)

- 주택법 제9조 및 주택법시행령 제10조에 따라 등록한 주택건설

사업자

- 두 가지 모두 충족하는 건설업자

(2) 주택건설사업자

- 주택법 제9조 및 주택법 시행령 제10조에 따라 등록한 주택건설사업자

- 주택법시행령 제13조에 따라 주택건설을 할 수 있는 주택건설사업자

- 두 가지 모두 충족하는 주택건설사업자

(토지주) 주택건설 사업자	단순도급	(시공사)
	———————	(1) 종합건설업자
	– 착공 시 시공사 선정	(2) 직접시공

2. 주택건설사업자시행 방식

• 시공사 자격 조건

(1) 종합건설업자

- 건설산업 기본법 제9조에 따라 등록한 건설업자 (건축공사업 또는 토목건축공사업)

- 주택법 제9조 및 주택법시행령 제10조에 따라 등록한 주택건설

사업자는 불필요

(2) 직접시공

- 주택법 제9조 및 주택법시행령 제10조에 따라 등록한 주택건설 사업자
- 주택법시행령 제13조에 따라 주택건설을 할 수 있는 주택건설사 업자
- 두 가지 모두 충족하는 주택건설사업자(토지주)가 직접시공
- 또는 두 가지 모두 충족하는 경우에는 전문건설업자에게 단순도급

3. 주택건설사업자 등의 등록

주택법 제3장 제1절 제9조 주택 건설사업 등의 등록

① 연간 대통령령으로 정하는 호수(戸數) 이상의 주택건설사업을 시행하려는 자 또는 연간 대통령령으로 정하는 면적이상의 대지조성사업을 시행하려는 자는 국토해양부장관에게 등록하여야 한다. 다만, 다음 각 호의 사업주체의 경우에는 그러하지 아니하다.

1. 국가 · 지방자치단체
2. 대한주택공사 · 한국토지공사
3. 지방공사

4. '공익법인의 설립·운영에 관한 법률' 제4조에 따라 주택건설사업을 목적으로 설립된 공익법인(이하 '공익법인'이라 한다.)

5. 제32조에 따라 설립된 주택조합(제10조 제2항에 따라 등록사업자와 공동으로 주택건설사업을 하는 주택조합만 해당한다)

6. 근로자를 고용하는 자(제10조 제3항에 따라 등록사업자와 공동으로 주택건설사업을 시행하는 고용자만 해당하며, 이하 '고용자'라 한다)

② 제1항에 따라 등록하여야 할 사업자의 자본금과 기술인력 및 사무실 면적에 관한 등록의 기준·절차·방법 등에 필요한 사항은 대통령령으로 정한다.

③ '임대주택법' 제17조 제1항 제2호에 따른 특수 목적 법인 등에 대하여는 대통령령으로 정하는 바에 따라 제2항에 따른 사업자 등록기준 중 인적(人的)기준 등을 완화하여 적용할 수 있다.

[전문개정 2009.2.3]

주택법 시행령 제3장 제1절 제10조 주택 건설사업자 등의 범위 및 등록 기준 등

① 법 제9조 제1항 각 호 외의 부분 본문에서 '대통령령이 정하는 호수'라 함은 단독주택의 경우에는 20호, 공동주택의 경우에는 20세대를 말하며, '대통령령이 정하는 면적'이라 함은 1만m²를 말한다. 〈개정 2006.2.24〉

② 법 제9조에 따라 주택건설사업 또는 대지조성사업의 등록을 하려는 자는 다음 각 호의 요건을 갖추어야 한다. 이 경우 '건설산업기본법' 제9조에 따라 등록한 건설업자(건축공사업 또는 토목건축공사업으로 등록한 자만 해당한다)가 주택건설사업 또는 대지조성사업의 등록을 하려는 경우에는 이미 보유하고 있는 자본금·기술인력 및 사무실면적을 다음 각 호의 기준에 포함하여 산정한다. 〈개정 2004.9.17, 2005.3.8, 2007.7.30, 2009.6.30〉

1. 자본금 3억 원(개인인 경우에는 자산평가액 6억 원) 이상
2. 주택건설사업의 경우에는 '건설기술 관리법 시행령' 별표 1의 규정에 의한 건축분야기술자 1인 이상, 대지조성사업의 경우에는 동표의 규정에 의한 토목분야기술자 1인 이상
3. 사무실 면적 33㎡ 이상. 다만, 2009년 7월 1일부터 2011년 6월 30일까지 사무실 면적은 22㎡ 이상으로 한다.

③ 주택건설사업을 등록한 자가 대지조성사업을 함께 영위하기 위하여 등록하는 때에는 제2항의 규정에 의한 대지조성사업의 등록기준에 적합한 기술자를, 대지조성사업을 등록한 자가 주택건설사업을 함께 영위하기 위하여 등록하는 때에는 제2항의 규정에 의한 주택건설사업의 등록기준에 적합한 기술자를 각각 확보하여야 한다.

④ 다른 법률에 따라 설립된 무자본특수법인이 국가업무를 위탁받은 범위에서 주택건설사업을 시행하는 경우에는 제2항 제1호의 요건을 적

용하지 아니하며, 법 제9조 제3항에 따라 '임대주택법' 제17조 제1항 제2호에 따른 특수목적법인 등이 주택건설사업을 시행하는 경우에는 제2항 제2호 및 제3호를 적용하지 아니한다. 〈신설 2007.7.30, 2008.6.20〉

4. 공동사업

주택법 시행령 제3장 제1절 제10조 공동사업주체

① 토지소유자가 주택을 건설하는 경우에는 제9조 제1항에도 불구하고 대통령령으로 정하는 바에 따라 제9조에 따라 등록을 한 재(이하 '등록사업자'라 한다)와 공동으로 사업을 시행할 수 있다. 이 경우 토지소유자와 등록사업자를 공동사업주체로 본다.

② 제32조에 따라 설립된 주택조합(리모델링주택조합은 제외한다)이 그 구성원의 주택을 건설하는 경우에는 대통령령으로 정하는 바에 따라 등록사업자(지방자치단체, 대한주택공사 및 지방공사를 포함한다)와 공동으로 사업을 시행할 수 있다. 이 경우 주택조합과 등록사업자를 공동사업주체로 본다.

③ 고용자가 그 근로자의 주택을 건설하는 경우에는 대통령령으로 정하는 바에 따라 등록사업자와 공동으로 사업을 시행하여야 한다. 이 경

우 고용자와 등록사업자를 공동사업주체로 본다.

④ 제1항부터 제3항까지의 규정에 따른 공동사업주체 간의 구체적인 업무·비용 및 책임의 분담 등에 관하여는 대통령령으로 정하는 범위에서 당사자 간의 협약에 따른다.

[전문개정 2009.2.3]

주택법 시행령 제3장 제1절 제12조 공동사업주체의 사업시행

법 제10조에 따라 토지소유자·주택조합(리모델링주택조합을 제외한다) 또는 고용자(이하 이 조에서 '토지소유자' 등이라 한다)와 등록사업재[주택조합의 경우에는 지방자치단체, '대한주택공사법'에 따른 대한주택공사(이하 '대한주택공사'라 한다) 및 '지방공기업법' 제49조에 따라 주택건설사업을 목적으로 설립된 지방공사(이하 '지방공사'라 한다)를 포함한다]가 공동으로 주택을 건설하려는 경우에는 다음 각 호의 요건을 갖추어 법 제16조에 따른 사업계획승인을 신청하여야 한다. 〈개정 2005.3.8, 2006.2.24, 2009.4.21〉

1. 등록사업자가 제13조 제1항 각호의 요건을 갖춘 자이거나 '건설산업 기본법' 제9조의 규정에 의한 건설업(건축공사업 또는 토목건축공사업에 한한다)의 등록을 한 자일 것. 다만, 지방자치단체·대한주택공사 및 지방공사의 경우에는 그러하지 아니하다.

2. 토지소유자 등이 주택건설대지의 소유권(지역주택조합 또는 직장주택조합이 법 제10조 제2항에 따라 등록사업자와 공동으로 사

업을 시행하는 경우에는 100분의 95 이상의 소유권을 말한다)을
확보하고 있을 것

3. 주택건설대지(제2호에 따라 토지소유자 등이 소유권을 확보한 대
   지를 말한다)가 저당권 · 가등기담보권 · 가압류 · 전세권 · 지상권
   등(이하 '저당권등'이라 한다)의 목적으로 되어 있는 경우에는 그
   저당권등을 말소할 것. 다만, 저당권등의 권리자로부터 해당 사업
   의 시행에 대한 동의를 받은 경우에는 그러하지 아니하다.

4. 토지소유자 등과 등록사업자간에 대지 및 주택(부대시설 및 복리
   시설을 포함한다)의 사용 · 처분, 사업비의 부담, 공사기간 그 밖
   에 사업추진상의 각종 책임 등에 관하여 법 및 이 영이 정하는
   범위 안에서 협약이 체결되어 있을 것

주택법 시행령 제3장 제1절 제13조 등록사업자의 주택건설공사 시공기준

① 법 제12조의 규정에 의하여 주택건설공사를 시공하고자 하는 등록사
   업자는 다음 각 호의 요건을 갖추어야 한다. 〈개정 2005.3.8〉

1. 자본금 5억 원(개인인 경우에는 자산평가액 10억 원) 이상
2. '건설기술관리법 시행령' 별표 1의 규정에 의한 건축분야 및 토
   목분야기술자 3인 이상. 이 경우 동표의 규정에 의한 건축기사
   및 토목분야기술자 각 1인이 포함되어야 한다.
3. 최근 5년간의 주택건설실적 100호 또는 100세대 이상

② 등록사업자가 법 제12조의 규정에 의하여 건설할 수 있는 주택의 규모는 5층(각층 거실의 바닥면적 300㎡ 이내마다 1개소 이상의 직통계단을 설치한 경우에는 6층) 이하로 한다. 다만, 6층 이상의 아파트를 건설한 실적이 있거나 최근 3년간 300세대 이상의 공동주택을 건설한 실적이 있는 등록사업자는 6층 이상의 주택을 건설할 수 있다.

③ 등록사업자가 법 제12조의 규정에 의하여 주택건설공사를 시공함에 있어서는 당해 건설공사비(총공사비에서 대지구입비를 제외한 금액을 말한다)가 자본금과 자본준비금·이익준비금을 합한 금액의 10배(개인인 경우에는 자산평가액의 5배)를 초과할 수 없다.

5. 건설업의 등록

건설산업기본법 제2장 제9조 건설업의 등록 등

① 건설업을 영위하려는 자는 국토해양부장관에게 대통령령이 정하는 업종별로 등록을 하여야 한다. 다만, 대통령령이 정하는 경미한 건설공사를 업으로 하려는 경우에는 그러하지 아니하다. 〈개정 2007.5.17, 2008.2.29〉

② 제1항에 따라 건설업의 등록을 하려는 자는 국토해양부령이 정하는 바에 따라 국토해양부장관에게 등록을 신청하여야 한다. 〈개정

2007.5.17, 2008.2.29〉

③ 국가 또는 지방자치단체가 자본금의 5할 이상을 출자한 법인 또는 영리를 목적으로 하지 아니하는 법인은 다른 법률에 특별한 규정이 있는 경우를 제외하고는 제1항의 규정에 의한 건설업의 등록을 신청할 수 없다.

④ 제1항에 따라 건설업의 등록을 한 자는 제10조에 따른 등록기준에 관한 사항별로 3년 이내의 범위에서 대통령령이 정하는 기간이 경과할 때마다 국토해양부장관에게 대통령령이 정하는 바에 따라 등록기준에 관한 사항을 신고하여야 한다. 〈신설 2002.1.26, 2007.5.17, 2008.2.29〉

⑤ 삭제 〈2007.5.17〉

[전문개정 1999.4.15]

건축 공사업	건설기술관리법에 의한 건축분야의 건축기사 또는 건축분야의 중급기술자 이상인 자 중 2인을 포함한 건축분야 건설기술자 5인 이상	법인	5억 원 이상	사무실
		개인	10억 원 이상	
토목 건축 공사업	다음 각호의 기술자를 포함한 건설기술관리법에 의한 건설기술자 11명 이상 1. 건설기술관리법에 의한 토목분야의 토목기사 또는 토목분야의 중급기술자 이상인 자 중 2인을 포함한 토목분야 건설기술자 5인 이상 2. 건설기술관리법에 의한 건축분야의 건축기사 또는 건축분야의 중급기술자 이상인 자 중 2인을 포함한 건축분야 건설기술자 5인 이상 법인	법인	12억 원 이상	사무실
		개인	24억 원 이상	

6. 건설공사 시공자의 제한

건설산업기본법 제41조 건설공사 시공자의 제한 〈개정 2007.5.17〉

① 다음 각 호의 어느 하나에 해당하는 건축물의 건축 또는 대수선에 관한 건설공사는 건설업자가 시공하여야 한다. 다만, 농업용 · 축산업용 또는 조립식 건축물 등 대통령령이 정하는 건축물은 건설업자가 시공하지 아니할 수 있다. 〈개정 2007.5.17〉

1. 연면적이 661m²를 초과하는 주거용 건축물
2. 연면적이 661m² 이하인 주거용 건축물로서 공동주택('건축법'에 따른 공동주택을 말하며, 층수가 3개층 이상인 주택에 한한다)인 건축물
3. 연면적이 495m²를 초과하는 주거용 외의 건축물
4. 연면적이 495m² 이하인 주거용 외의 건축물로서 다중이 이용하는 건축물 중 대통령령이 정하는 건축물

② 다중이 이용하는 시설물로서 다음 각 호의 어느 하나에 해당하는 새로운 시설물의 설치에 관한 건설공사는 건설업자가 시공하여야 한다. 〈신설 2007.5.17〉

1. '체육시설의 설치 · 이용에 관한 법률'에 따른 체육시설 중 대통령령이 정하는 체육시설

2. '도시공원 및 녹지 등에 관한 법률'에 따른 도시공원 또는 도시 공원 안에 설치되는 공원시설로서 대통령령이 정하는 시설물

3. '자연공원법'에 따른 자연공원 안에 설치되는 공원시설 중 대통 령령이 정하는 시설물

4. '관광진흥법'에 따른 유기시설 중 대통령령이 정하는 시설물

   [전문개정 2005.11.8]

건설산업기본법 시행령 제36조 다중이 이용하는 건축물

법 제41조 제1항 제4호에서 '대통령령이 정하는 건축물'이라 함은 건축 물의 전부 또는 일부가 다음 각 호의 어느 하나에 해당하는 용도로 사용되 는 건축물을 말한다. 〈개정 2001.7.7, 2005.5.7, 2005.11.25, 2007.12.28〉

1. '초·중등교육법', '고등교육법' 또는 '사립학교법'에 의한 학교

   1의2. '영유아보육법'에 따른 보육시설

   1의3. '유아교육법'에 따른 유치원

   1의4. '장애인 등에 대한 특수교육법'에 따른 특수교육기관 및 장애인평생교육시설

   1의5. '평생교육법'에 따른 평생교육시설

2. '학원의 설립·운영 및 과외교습에 관한 법률'에 의한 학원

3. '식품위생법'에 의한 식품접객업중 유흥주점

4. '공중위생관리법'에 의한 숙박시설

5. '의료법'에 의한 병원(종합병원·한방병원 및 요양병원을 포함한다)

6. '관광진흥법'에 의한 관광숙박시설 또는 관광객 이용 시설중 전

문휴양시설 · 종합휴양시설 및 관광공연장

[본조신설 2000.4.18]

건설산업기본법 시행령 제37조 시공자의 제한을 받지 아니하는 건축물

법 제41조 제1항 각 호 외의 부분 단서에서 '대통령령이 정하는 건축물'이라 함은 다음 각 호의 어느 하나에 해당하는 건축물을 말한다. 〈개정 2003.11.29, 2005.5.7, 2005.11.25, 2007.12.28, 2008.10.29〉

1. 농업 · 임업 · 축산업 또는 어업용으로 설치하는 창고 · 저장고 · 작업장 · 퇴비사 · 축사 · 양어장 기타 이와 유사한 용도의 건축물
2. 공장에서 제조된 판넬 및 부품 등을 사용하여 조립식으로 시공하는 단층인 공장 또는 창고용도의 건축물
3. '주택법' 제9조의 규정에 의하여 등록을 한 주택건설사업자가 동법 시행령 제13조 제1항의 규정에 의한 자본금 · 기술능력 및 주택건설실적을 갖추고 동법 제16조의 규정에 의한 주택건설사업계획의 승인 또는 '건축법' 제11조에 따른 건축허가를 받아 건설하는 주거용건축물

[본조신설 2000.4.18]

최근 도시형 생활주택 법규 개정 내용

건축법령의 개정에 따른 조례 위임사항과 원룸형 도시형 생활주택의 건축기준 완화 등 관련기관의 요구사항을 반영하려는 것임.

건축조례 일부 개정조례 공포안 (일부개정 2011. 10. 26)

1) 리모델링하는 경우 무분별한 증축을 방지하고 자치구별 통일성을 유지하기 위해 건축위원회 심의에서 증축규모 결정 시 고려할 사항을 정함.

2) 건축위원회 심의 대상을 법령에서 위임한 내용과 같이하고, 시·구 건축위원회 심의 대상을 합리적으로 조정하며, 원룸형 도시형 생활주택의 건축위원회 심의대상을 20세대 이상에서 30세대 이상으로 완화함.

3) 건축계획의 변경에 따라 건축위원회 심의를 다시 받아야 하는 경우를 건축물의 규모, 구조, 형태, 동선의 변경으로 단순화하여 알기

쉽게 함.

4) 30세대 미만인 원룸형 도시형 생활주택의 인접대지경계선 및 건축선으로부터 띄우는 거리를 3m 이상에서 2m 이상으로 완화함으로써 건축계획의 유연성 제공.

5) 도ㆍ소매시장의 조경시설 설치는 시설 현대화를 지원하기 위해 건축위원회 심의를 거쳐 완화할 수 있도록 함.

수익형 부동산의 해답,
도시형 생활주택

초판 1쇄 2009년 11월 10일
초판 5쇄 2011년 12월 5일

....

지은이 서용식
펴낸이 윤영걸   **담당PD** 이윤경   **펴낸곳** 매경출판(주)
등 록 2003년 4월 24일(No. 2-3759)
주 소 우)100-728 서울 중구 필동1가 30번지 매경미디어센터 9층
전 화 02)2000-2610(출판팀) 02)2000-2636(영업팀)
팩 스 02)2000-2609   **이메일** publish@mk.co.kr
인쇄 · 제본 (주)M-print   031)8071-0961

....

ISBN 978-89-7442-617-0
값 12,000원